e-mail für freunde

Beobachtungen aus dem Leben von Erwin Rybin

Über das Buch:

Wenn sie schon immer lesen wollten, was das Geheimnis der Steine der Luxushotels in Florida ist, welche Errungenschaften Süditaliener vor allen anderen Völkern der Erde auszeichnen, was Frauen wirklich über BMW-Fahrer denken, welche romantischen Weisen in Vollmondnächten am Strand von Singapur gehört werden und vor allem, wie das Alltagsleben in Österreichs Hauptstadt so abläuft, ist dieses Buch ein absolutes Muss für sie.

In seinem "e-mail für freunde" erzählt der Autor von zahlreichen großen und kleinen Beobachtungen aus dem Leben, garniert mit liebevoll zusammengestellten Collagen von den Menschen unserer Welt.

Über den Autor:

Erwin Rybin erblickte im August 1966 das Licht dieser Welt, just am 22. Geburtstag seiner Mutter. Sein weiteres Leben ist geprägt von einem erfolgreichen aber mäßig gewinnbringendem Physikstudium, der Kreation vielfach preisgekrönter digitaler Kunstwerke (www.ars-digiti.com) sowie einer an Zynismus grenzenden Ironie gegenüber den Vorkommnissen auf dieser Erde. Erwin Rybin lebt und arbeitet in Wien, will sich aber von den Bestsellertantiemen dieses Buches eine Villa in Sizilien kaufen und sich aus dem nördlichen Packeis zurückziehen.

e-mail für freunde

Beobachtungen aus dem Leben von Erwin Rybin

Erwin Rybin, "e-mail für freunde"

Taschenbuchausgabe, Wien, März 2003

Alle Rechte vorbehalten

Umschlagbild und alle Abbildungen: Erwin Rybin, © 2000-2003

Herstellung: Books on Demand GmbH, Norderstedt

ISBN 3-8330-0236-0

Inhalt

Dieses Buch ist neben meinen lieben Eltern, Verwandten & Freunden auch den unzähligen Menschen gewidmet, deren oft nur wenige Sekunden dauernde Bekanntschaft Inspirationsquelle zu zahlreichen Seiten in diesem Buch war.

Menschen, Amsterdam Muntplain 2001

DIENSTREISE FLORIDA

Sa, 9.12. 2000 Nachdem ich mich für einen angenehmen Flug über New York mit nur einmal umsteigen entschlossen hatte, wurden leider aufgrund möglicher Risse in den Triebwerken alle Airbus 330 aus dem Verkehr gezogen, natürlich auch meiner. Aber ich hatte Glück und bekam einen Flug über Frankfurt direkt nach Orlando, und da der Flug erst 4h später ging, wurde mir noch mitgeteilt, ich dürfe in der VIP Lounge mein Notebook anschließen. Freilich war die resolute Dame in der VIP Lounge nicht dieser Meinung, ich sah ja auch nicht wirklich VIP-mäßig aus. Immerhin bekam ich als Ausgleich einen Gutschein für das Selbstbedienungsrestaurant sowie den Tipp, dass hinter manchen Bänken am Flughafengang auch Stecker sind. So hatte ich das Vergnügen, im Abfertigungsgang die Folien für meinen Chef fertig zumachen.

Lustigerweise konnte man in Wien noch nicht für den Atlantik-Flug einchecken, was die 50 Minuten in Frankfurt recht spannend machte. Es waren weder die angekündigten hilfsbereiten Lufthansa-Mitarbeiter zu sehen, noch der Service-Schalter, bei dem man "gleich nach dem Aussteigen aus dem Flieger" vorbeikommen sollte. Mein Direktflug nach Orlando entpuppte sich als ein Flug nach Washington mit dortigem umsteigen, was freundlicherweise nirgends stand, sodass ich schon geglaubt habe, der Orlando-Flug entsprang der Phantasie der AUA-Mitarbeiterin.

Schließlich war ich aber wohlbehalten im Jumbo-Jet, und von 300 Passagieren saß die einzige 90jährige, schnarchende Säuferin im kessen lila Trainingsanzug lustigerweise genau neben mir. Ab und zu rutschte sie im Schlaf auch auf meine Seite, was dem Flug einen ganz besonderen Touch gab. Der Anschlussflug nach Orlando verlief angenehm, v.a. da ich ihn ganz verschlafen habe. Am dortigen Flughafen habe ich anhand seines Akzents einen gebbürtigen Österreicher ausmachen können, der mir den Tipp gab, im Keller nach einem Taxi zu suchen, und dort fand ich tatsächlich eines. Nach nur 23h war ich endlich angekommen.

So, 10. 12. 2000 Hier im Disney Resort ist es recht angenehm, man ist eingelullt in eine künstliche Urlaubswelt mit Glück, Freiheit und Fast Food und zum Glück alles zu Fuß zu erreichen, was in den USA ja eh ein Wunder ist. Ich bin also durch Downtown Disney (!) gejoggt, habe ein großes Frühstück aus Milchweißer und Müsli im Zimmer zu mir genommen und liege nun am Hotel-Pool, um meinen Vortrag für morgen durchzugehen. Hier am Pool ist es warm & sonnig, und von den amerikanischen Klischees sind leider nur die wahnsinnig fetten Leute anwesend und nicht die Cherleaders. Dazupassend spielt die Pool-Bar langsame Weihnachts- und Liebeslieder (...the gentle snow keeps falling down...), was mich bei 30 Grad besonders auf meine Lieblingszeit im Jahr (Nebel, Kaufrausch, Gatsch) einstimmt.

Die Dudelmusik ist übrigens am ganzen Gelände zu hören, auch wenn man weiter vom Pool weggeht, entgeht man ihr also nicht. Besonders originell sind die Lautsprecher, die als Steine getarnt zwischen den Palmen "Walking in the winter wonderland" trällern. Abends war ich mit zwei Kollegen von der TU in "Downtown Disney" essen. Das Positive ist, dass es in "walking distance" vom Hotel ist, der Nachteil ist das "Disney", aber damit musste ich wohl rechnen, wenn ich eine Konferenz in Orlando besuche.

Highlights waren die Seeschlange aus Lego, die Menschenschlange vor dem Planet Hollywood sowie die Bauchumfänge der meisten Besucher. Apropos, nachdem uns Prof. Schmal ins "Wolfgang Puck" eingeladen hat, bin ich wieder auf gutem Weg zu mehr Gewicht. Das Lokal war zweigeteilt, in den Upper Level kam man nur durch Anmeldung im Erdgeschoss sowie mehreren Telefonaten, nachdem wir nicht reserviert hatten; kaum oben angelangt entpuppte sich das Lokal aber als ziemlich leer. Gesättigt durch Suppe, Lachs und Wein zu exorbitanten Preisen bin ich durch den Jetlag gekennzeichnet um 23h (=5h MEZ) eingeschlafen.

Mo, 11. 12. 2000 Nachdem ich heute einen Vortrag halten durfte, war ich zum "Speakers Breakfast" eingeladen. Schwer enttäuscht war ich von der Auswahl: kein Speck, keine Eierspeisen, nur Donuts u.ä., sowie 10 Teesorten zur Wahl. Da fällt es selbst mir schwer, sich zu beschweren. Der Vortrag war ein voller Erfolg, 15 Personen lauschten meinem perfekten Englisch. Den Nachmittag wollte ich dann wohlverdient am Pool verbringen, als mich Regentropfen gegen 15h aus dem Mittagsschlaf rissen. Notgedrungen machte ich mich zu den Pausenmuffins sowie zu weiteren Vorträgen auf. Zum Glück gab's bald danach das große Fressen, 5 verschiedene Buffets sowie Nachspeisen.

Gegen 22h überkam mich wieder die große Müdigkeit, doch ich konnte mich bis zu AllyMcBeal mit Berichten über die Stimmennachzählung munterhalten. Außerdem ist es in ganz Amerika außerhalb von Florida saukalt, in Chikago war ein Blizzard, und in Texas schneit (!) es, aber keine Sorge: Hier in Orlando sind nach wie vor 25-30 Grad angesagt.

Di, 12. 12. 2000 Gleich nach meinem verdienten 9h-Schlaf bin ich im Nebel joggen gewesen, ähnlich wie in Wien, nur um 25 Grad wärmer. Nach 2 Minuten war ich patschnass und hatte dadurch zusätzliches Gewicht zu schleppen, was ich durch eine kürzere Runde ausglich. Der Nebel lichtete sich zu Mittag, und es begann zu schütten. Tief frustriert änderte ich meine Pläne und besuchte statt dem Pool die Konferenz. Große Highlights gab es nicht, nur bei einem Meeting, bei dem Prof. Schmal geehrt wurde, konnte ich viel über die amerikanische Demokratie lernen: Zur Diskussion gestellt war, wie viel Exemplare von einer Sondernummer zur Ehrung eines kürzlich verstorbenen Kollegen man drucken sollte (Preis: 6 US$/Stück). 30 Minuten wurde diskutiert ("...im Angedenken des Toten sollte man jedem Mitglied ein Exemplar zusenden...", "...nur wer dafür bereit ist, was zu zahlen, soll eines bekommen...", "... die Studenten sollen je ein Exemplar umsonst bekommen, der Verstorbene hat sich ja immer sehr um die Studenten gekümmert...", und so weiter). Insgesamt waren 50 Leute im Raum, und fast jeder hatte was zu sagen (außer uns drei Österreichern, wir waren nur völlig baff). Nun wissen wir, wieso es immer noch keinen designierten Präsidenten hier gibt. Das Abendessen haben wir uns bei diversen Gratis-Buffets der Software-Hersteller besorgt, so kann ich finanziell unbeschwert den Ausflug ins EPCOT Center planen.

Den restlichen Abend verbrachte ich damit, fette Amerikaner sowie sommerlich gekleidete Teenager mit meiner kleinen Digitalkamera zu fotografieren. Ich werde aus den Bildern einen völlig neuen Fotostil entwickeln und "digitalomoid" nennen, Beispiele demnächst auf meiner Homepage (www.ars-digiti.com). Jetzt bin ich im Hotel, lade die Bilder herunter, und suche verzweifelt nach einem Fernsehsender, auf dem mich nicht George Bush blöde angrinst, na wenigstens werden jetzt meine Aktien wieder steigen...

Virgin Megastore, Florida

Mi, 13. 12. 2000 Wieder joggend den Tag begonnen, das Milchweißer-Frühstück hab ich mir gespart, dafür in der letzten Kaffeepause der Konferenz 3 Riesenmuffins verdrückt. Vorher war ich aber brav joggen, diesmal die ganze Runde. Obwohl es hier sehr grün ist, ist das joggen nur auf einem einzigen Weg möglich, alles andere ist in Privatbesitz der Hotels u.ä. Dieser Weg ist zwar nett angelegt, hat auf 5km Länge auch nur 2 Ampeln, geht aber dafür an der Hauptzubringerstraße nach Disneyland vorbei, was den Gesundheitswert des Joggens eventuell doch beeinträchtigen könnte. Bei einem Vortrag heute war im Nebenraum scheinbar ein Motivationstrainingsseminar, ein kreischender Moderator und frenetisch jubelndes hysterisches Publikum deuten zumindest darauf hin. Zuerst dachte ich an eine FPÖ-Florida Veranstaltung, aber es war doch nur eine Möbelfirma.

Am Pool habe ich zwar nicht schlafen können, obwohl mich die Weihnachtslieder doch etwas ermüdet haben, aber dafür im Auto am Weg zum Meer. Wir sind zum Coco-Beach oder so ähnlich gefahren, und es war sehr sehr enttäuschend. Eine Stadt im eigentlichem Sinn war ja eh nicht zu erwarten, aber 100km Strand mit hässlichen Häuschen und Hotels und Motels, ohne irgendein Zentrum sind für einen Caorle-erprobten Österreicher schön ziemlich öd.

Das Wasser war schweinekalt, ich hoffe, meine Knöchel erholen sich bald vom Schock. Meine leicht befremdlichen Kollegen von der TU warfen sich wirklich in die Wellen, selbst die Möwen waren darob verwundert.

Vorher waren wir noch in einem "Dali in", durch den Dollar-Kurs wurde ein Sandwich mit Cola zur Hauptspeise. Anschließend fanden wir doch noch ein Zentrum, nämlich einen Pier. Dort waren auch ca. 30 Personen versammelt, was für die Vorsaison ja nicht schlecht ist. Die ganze Szenerie machte einen ziemlich morbiden Eindruck, ähnlich dem Gänsehäufel oder Brighton im Oktober. Nun ja, immerhin ist ja in 11 Tagen Weihnachten, also darf man sich nicht allzu sehr beschweren.

An der Spitze des Piers gönnten wir uns Getränke (Diet Coke für mich), die recht nette Kellnerin hätte sogar umsonst nachgeschenkt, sowenig war dort los. Die sonstigen Gestalten wirkten wie frisch aus einem Jim Jarmusch Film (wobei natürlich fraglich ist, ob "frisch" in Zusammenhang mit Jim Jarmusch das richtige Vokabel ist).

Bei der Heimfahrt hab ich noch 3 Jeans für 100$ erstanden, damit komm ich wieder einige Jahre modemäßig über die Runden. Abends waren wir wieder in "Downtown Disney", essen waren wir wieder bei "Wolfgang Puck", diesmal aber in der Fast Food Abteilung. Das Essen war auch gut (Tomate gefüllt mit Thunfischsalat), kostete aber nur 1/10 des Upper Levels.

Cocoa Beach, Florida

Do, 14. 12. 2000 Frühstück, joggen, am Pool - gut das die Konferenz vorbei ist, sonst hätte ich ja gar keine Zeit zum erholen gehabt. Gegen 12h bin ich aber ins EPCOT-Center, im guten Glauben dort populärwissenschaftlich aufbereitete Bearbeitung aktueller Themen unseres Lebens, der Wissenschaft und der Umwelt zu finden, ähnlich in der Cite de Science bei Paris. Na ja, ziemlich naiv für meine 34 Jahre. Die Vorsaison, die mir gestern so morbid erschienen ist, hatte heute einen großen Vorteil, es waren nämlich relativ wenig Leute bei den Attraktionen angestellt. Im Zubringerbus, der sonst so 100 Leute fasst, war ich sogar der einzige (wie der Fahrer am Funk auch feststellte: ...leaving hotel drive with one...).

Als erstes ging ich gleich ins Spaceship Earth, die Beschreibung ist mir am wissenschaftlichsten erschienen (das Leben in Vergangenheit und Zukunft auf mehreren Etagen). Herausgestellt hat sich das Ganze als minder attraktive Grottenbahn, mit der man sich zuerst die Geschichte aus amerikanischer Sicht hinaufschlängelte (inkl. schlechter Wachsfiguren), und dann in einer möglichen amerikanischen Zukunft wieder hinabschlängelte. Etwas war schon lustig, richtig unerträglich wurde das ganze erst mit dem Zeitalter des Fernsehens, 30 Schirme brachten durcheinander alte US-Filme. Ich bin zwar nicht sicher, ob dieser Effekt beabsichtigt war, aber ich bekam den Eindruck, dass damit nach den Höhepunkten römisches Weltreich und Renaissance der absolute Niedergang der Zivilisation gekommen war. Ich beschloss, das schöne Wetter zu nützen und erst mal zu den Pavillons mit den verschiedenen Ländern der Erde zu wandern.

Am Weg kam ich aber beim "Liebling, ich habe das Publikum geschrumpft"-Spektakel vorbei und ließ mich gleich hineintreiben. Zuerst war im Vorraum eine Fotoshow von Kodak, in einer Art NLP-Vorführung (neurolinguistische Programmierung, die Gehirnwäschemethode von Scientology u.a. Marketingfirmen) wurde erklärt, wie toll Farben sind, und was man nicht alles mit seiner Phantasie machen könnte (z.B. soll man probieren, eine ganze Nacht lang munter zu bleiben...). Die eigentliche Show war vom technischen Standpunkt aber wirklich und allen Ernstes grandios. Durch 3d-Brillen hatte man den absolut realitätsnahen Eindruck, Mäuse, Schlangen, Tiger und Raumschiffe kommen 50cm vor der Nase auf einen zu. Lustigerweise war die Schlange natürlich nur auf der Leinwand, aber die Mehrzahl im Publikum fischte mit der Hand vor sich her, um sie zu erwischen. Ich war natürlich wesentlich cooler und bin nur fürchterlich erschrocken und zusammengezuckt, als ein Raumschiff über meinem Sitzvordermann explodierte und die Trümmer auf mich zurasten. Der Inhalt der Geschichte war, so wie alles andere im EPCOT, auf das Niveau 5-jähriger Kinder zugeschnitten, was aber nicht bedeuten soll, das ich den Eindruck hatte, alle älteren Besucher (also von 6-99) würden den Inhalt immer verstehen.

Nach überstandenen Schrecken machte ich mich auf den Weg durch die Länder der Welt. Die Darstellung war ca. so wie im vierten Teil der Piefke-Saga, als Tirol nur noch als Karikatur seiner selbst durch Roboter dargestellt wurde (wobei man das im Fall von Tirol durchaus als Verbesserung sehen kann, aber haben es Länder wie Mexiko, Italien, China, England, ... wirklich verdient, als Fresstempel für Touristen dargestellt zu werden?). Ich habe vor dem Markusplatz auch ein Bild von mir machen lassen, ebenso wie ein Bild von mir und einem norwegischen Riesentroll.

Die nächste Attraktion war das Universe of Energy, gesponsert von Exxon. Die "Ellen" aus der gleichnamigen Fernsehserie präsentierte virtuell, woher unsere Energie herkommt, nämlich aus dem Saurierpark, den man gleich darauf durchfahren durfte. Anschließend wurde dem Bildungsauftrag aber doch Genüge getan, denn auf einer 20m hohen, 360Grad Leinwand wurden die besten Energieformen, also Wasser, Sonne und Atome kurz erklärt, bevor man auf das Riesenglück zu sprechen kam, dass die Erdölvorräte eh noch für 60 Jahre reichen werden (und dass daher jeder Spargedanke ziemlich abstrus erscheint).

Weiter ging es im TestTrack Gelände, gesponsert von General Motors. Dabei wurde eine Pseudoteststrecke für Autos durchgefahren, quasi ein wissenschaftliches Alibi, um mit einem Auto auf einer Steilkurvenstrecke mit 70 Meilen/h dahin zu brausen. Das hat allerdings wirklich Spaß gemacht, ich hätte wahrscheinlich doch gleich ins Disneyland gehen sollen, da wird wenigstens nicht versucht, dem geschwindigkeitssüchtigen Publikum noch was zu erklären. Insgesamt bin ich 3mal gefahren, beim letzten Mal ist die Anlage allerdings für 10min ausgefallen, die Gurte ließen sich nicht öffnen, und immer mehr Autos stauten sich am Ende der Hochgeschwindigkeitsstrecke.

Zur Entspannung ging ich ins "The Land", bei dem man sehr beschaulich durch Gewächshäuser(!) gefahren wurde. Damit sich mein Magen nicht erholen konnte, musste ich danach ja unbedingt die Schüttelrüttelpartie "Wonders of live" machen. Dabei wird man zuerst auf winzigklein geschrumpft und danach in den Blutkreislauf eines Menschen injiziert. Das hätte ja sehr interessant sein können, wenn man nicht auf einem Sessel festgeschnallt wäre und sich dieser Sessel mitsamt der Kapsel wirr im Raum bewegt. Mir war relativ übel, und ganz übel wurde mir, als ich endlich rauskam und dort ein sehr blasses Kind über einem Papiersackerl gekauert sah. Ich ging also auf ein Kipferl und Kaffee, anschließend ins Haus des Meeres.

Im "The living sea" angekommen, wurde man in die Meeresstation Alpha 1 befördert (per Hydrolift, was bedeutete, dass in den Wänden Wasser sprudelte). Immerhin, als Aquarium war es ziemlich sehenswert, ich kann ja auch nicht alles schlecht machen. Als letzte Attraktion besuchte ich die "Journey into your imagination", und dass ich der einzige war, hätte mir vielleicht zu denken geben sollen. Zuerst wurde mein Imaginationsquotient gemessen (nahe Null), danach wurden mir einige Bilder von Kodak gezeigt, dann wurde wieder gemessen, und, siehe da, ich hatte einen Imaginationsquotient nahe der Höchstgrenze. Dabei hat es gut angefangen, mit rotem linienförmigen Licht, das alles in eine Art Computerwelt tauchte, und danach mit vollkommener Dunkelheit, und nur einigen Geräuschen (und ab dann die Farben von Kodak).

Der Höhepunkt des Tages war natürlich das Feuerwerk. Rund um den See brannten Fackeln, hymnenartige Musik erklang und mystische Lichtspiele füllten die Luft. Zum Abschluss wurde irgendwas sehr Schwülstiges gespielt, und die Scheinwerfer bildeten ein riesiges Tetraeder über dem Wasser. Das Alles hatte was sehr faschistoides, eine Aschermittwochsrede vom Jörgi könnte nicht besser inszeniert sein, aber dann kam mir das wirklich Geniale daran: Das alles geschieht allein zur Ehre von Micky Maus, und kein noch so blöder Amerikaner würde auf solche Inszenierungen hereinfallen, weil er sie gleich mit Comics in Verbindung bringen würde und nie ernstnehmen könnte (hoffentlich).

Im Hotel angekommen wurde ich im TV gleich in punkto Demokratie aufgeklärt: Es ist nicht wichtig, wer die meisten Stimmen hat, oder wer durch Wahlbetrug verliert - wichtig ist nur, dass das Law eingehalten wird, ganz egal wie entgegengesetzt es den Gesetzen der Logik auch sein mag. Das gilt im großen und ganzen zwar für jedes Gesetz, da die Gesetzte ja Juristen und keine Physiker machen, aber hier bei dieser Wahl ist es halt besonders aufgefallen.

Fr, 15. 12. 2000 Joggen, Frühstück, Pool - langsam habe ich mich eingewöhnt. Diesmal blieb ich aber länger am Pool liegen (so von 10-15h), und da ich das Notebook mit hatte, verfiel ich ob der Schnulzenmusik auch nicht in Depressionen, ich hab einfach meine lautesten MP3's im Kopfhörer gehört und das Schmalz mit "Born to be wild" u.ä. weggefegt. Leider hält aber auch der beste Akku nicht ewig (und meiner schon gar nicht), und so bin ich dann halt doch aufgebrochen. Blöderweise hatte ich die Idee ins nahe Disney Quest zu gehen ("Five floors of virtual fun"). Blöderweise deswegen, da, kaum war ich drinnen, bin ich draufgekommen, dass ich ja Videospiele eigentlich nicht mag, und wie das Wort "virtual" andeutet, gab's da drin nichts anderes. Zum Glück hatte ich 10% Rabatt bekommen, da ich im nahen Luxushotel herbergte, so hat mich mein Irrtum nur 40 US$ gekostet.

Disney Quest, Florida

Technisch gesehen war alles wieder erstklassig, mit Videohelmen, 3d-Brillen, virtuellen Laserschwertern war man wirklich Bestandteil einer völlig anderen Welt. Inhaltlich ebenfalls wie gehabt, ich hatte die Wahl zwischen einem Ritt auf Aladins Zauberteppich, dem Versenken von Schiffen und Seeschlangen durch 3d-Kanonenkugeln sowie dem Töten zahlreicher bösartiger Wesen aus der Comicwelt. Da der Videohelm meine Brille etwas runterdrückte, hatte ich leider ein beschränktes Gesichtsfeld, sodass ich nicht wirklich gut ausstieg bei den meisten Spielen (und wahrscheinlich war ich auch einfach schlecht, da ich ja in der Arbeit nie Computerspiele spiele sondern nur meine Fotomontagen mache).

Etwas war sehr lustig, ein Flugsimulator, bei dem man eine virtuelle Hochschaubahn inkl. 3 Loopings wie in echt durchraste. Dabei wurde man aus Sicherheitsgründen auch gefilmt (falls man sich übergeben musste oder so) und das Video hätte man auch kaufen können, aber ich sooo peinlich dreingeschaut, dass ich mir das dann doch verkniffen habe. Anschließend ging's wieder zu "Wolfgang Puck", aber nicht weil ich so einfallslos bin, sondern weil das Lokal gegenüber vom Virgin-Megastore liegt, und das der einzige Platz in "Downtown Disney" ist, an dem keine Weihnachtslieder geträllert werden. Die 500m zurück legte ich auf dem Boot zurück und gedachte der kommenden saukalten Tage in Wien.

Sa, 16. 12. 2002 Der Abflug nach NY verlief problemlos, dort angekommen wurde ich zum Terminal 1 geschickt (lustigerweise waren auf den Karten aber nur die Terminals 2-9 verzeichnet), nach einem kurzen Regenspaziergang (New Yorker Regen!!!, ein tolles Erlebnis, nahe dieser Metropole nass zu werden) habe ich es auch gefunden. Da eine Passagierin um 10min zu spät gekommen ist (und ihr Gepäck bereits wieder ausgeladen war) haben wir blöderweise unseren Slot zum Starten versäumt und sind eineinhalb Stunden nahe der Rollbahn gestanden. Die Mitflieger waren angenehm, v.a. mein Sitznachbar, da ich keinen hatte. Zwei Reihen vor mir saß zwar ein Bodybuilder im Ruderleiberl, aber zum Glück blies die Lüftung in die andere Richtung.

Der Flug war ruhig, dumm war nur, dass mein Gepäck nicht wirklich gleich angekommen ist, sondern ca. 1h nach mir in der Förderbandhalle war (wo es die Stunde war, weiß ich nicht, ich war inzwischen in der Schlange angestellt, die Baggage reclamations entgegennimmt (vielleicht ist es auch deren Taktik, so langsam zu arbeiten, damit das Gepäck mit dem nächsten Flug inzwischen ankommt, bevor die AUA Ersatzzahnbürsten austeilen muss).

Wiener Geschichten I

Mi, 2. 5. 2001 Mein erster Tag bei in der neuen Firma PRE begann mit einem einstündigen Studium des Diensthandys, zu Mittag ging's dann 2h zum Heurigen nach Perchtoldsdorf und am Abend habe ich meinen Dienst-Audi-A4 abgeholt. Ansonsten bin ich mangels Mittagsschlafs ziemlich geschafft.

Als Nachtrag möchte ich noch erwähnen, dass ich vor einiger Zeit als Fotograf bei der Hochzeit einer Diplomandin zugegen war und ich mir angesichts des Rolls Royce, mit dem das Brautpaar abgeholt wurde kurzzeitig überlegt habe, ob das Stipendium nicht doch eine Spur zu hoch war.

Dafür habe ich meine digitalomoid Technik erweitert und kann künftig meinen Lebensunterhalt auch als Avantgarde-Hochzeitsfotograf verdienen, falls es bei PRE nicht immer so locker wie am ersten Tag zugehen sollte.

Hochzeit Shaby & Georg, Wien

Do, 10. 5. 2001 Inzwischen lese ich seit 2 Tagen eine 500 Seiten Schwarte über PRE, mein Audi steht zu Hause, nachdem ich damit gestern über die Südost-Tangente fast eine Stunde gebraucht habe. Fast eine Stunde ist lustigerweise auch genau die Zeit, die ich öffentlich hierher brauche, allerdings kann ich in der U-Bahn das Buch weiterlesen und mich so sehr rasch einarbeiten, damit meine neuen Chefs denken, ich bin unglaublich strebsam und mir nach ein paar Wochen alle Freiheiten lassen, die ich dann unverschämt ausnutzen kann (hat ja auch in meiner alten Firma so geklappt). Notebook habe ich noch keines, da es in Österreich nur einen Menschen gibt, der PRE installieren kann, und der kommt erst nächste Woche wieder. Dabei hatte ich eh Glück, denn mein einer Chef hat ein altes Notebook zum Installieren nach Deutschland geschickt, das zum Glück dort eingezogen wurde ("versteh ich nicht, war ja erst 3 Jahre alt, dass man das nicht reparieren lässt.").

Gestern war mein Chef nicht da, also bin ich gleich um 16h Badminton spielen gegangen, ich war aber ohne Mittagsschlaf nicht sonderlich erfolgreich. Bei den Kundenbesuchen wird's dann hoffentlich besser, da kann ich mich ja mittags mit dem Auto ein Stündchen auf einen Waldweg zurückziehen. Heute ist mein Chef auch nicht da, zumindest bis jetzt - ob ich um 14h wegkomme? Die Firmenkultur ist recht angenehm, aber tlw. etwas skurril, alle sprechen sich mit dem Vornahmen an (also kein Dr. Rybin mehr, wofür studiert man denn heutzutage noch?), sind aber per Sie, außer denen, die per Du sind. Ich bin übrigens Mitarbeiter Nr. 13!

Diensthandy habe ich wie erwähnt auch schon bekommen, allerdings ohne Freisprecheinrichtung. In irgendeinem Kleingedruckten einer Anlage zu meinem Dienstvertrag steht auch, dass ich die selbst besorgen (und zahlen) muss oder im Auto nicht telefonieren darf. Ja, das Auto: schwarzblauelegant, inklusive Tankkarte und Garagenplatz - aber: 1.5% des Neuwerts sind als

Gehaltsbestandteil zu versteuern, und nachdem ich jetzt soviel verdiene, ist das eine ganze Menge - und außerdem habe ich einen horrenden Selbstkostenanteil auch noch zu tragen - also mein Twingo ist mir schon billiger gekommen (und der hatte auch eine Halbautomatik, die im Stau echt angenehm war).

DIENSTREISE HOLLAND I

Amsterdam im Regen

Di, 12. 6. 2001 Die Reise selbst war relativ harmlos. Beim Einchecken wurde allerdings 9kg Übergewicht festgestellt (bei meinem Gepäck) und pro kg hätte ich 127 Schilling zahlen sollen. Ich habe kurz überlegt, ob ich auf cooler Managertyp machen und zahlen soll, bin dann aber doch zur Besinnung gekommen und habe ich vor dem Schalter einige Umschichtungen vorgenommen, u.a. das Notebook und den Kilo Keks ins Handgepäck. Vielleicht waren die Strandmatte und die 5 Bücher doch übertrieben.

Danach hab ich mich vor den Abfertigungsschalter nach Amsterdam gesetzt und hab mich gewundert, wieso alle rund um mich rauchen (ich bin fast militaristischer (auch wenn dass für einen Pazifisten reichlich schizophren klingt) Nichtraucher). Ein Blick nach oben hat mich nach einiger Zeit belehrt, dass ich in der einzigen Raucherecke am Flughafen Platz genommen habe - also ich muss noch viel lernen um zu einem welterfahrenen Manager zu werden. Während des Fluges bin ich auch draufgekommen, warum die Verbindung "City Hopper" heißt: das Flugzeug fliegt so knapp über den Wolken, dass jedes höhere Wölklein ein Luftloch verursacht. Immerhin war das Essen dem angemessen, es gab nur ein Mini-Mini-Sandwich.

Als Leihauto habe ich einen Twingo bekommen, allerdings nicht wie meinen in gelb und mit einigen Extras sondern in grün und ohne irgendwas. Aber immerhin hab ich mich mit dem Auto gleich zurechtgefunden - nicht allerdings mit den Autobahnen (wobei das nicht ganz alleine meine Schuld war, denn eine Autobahn war gesperrt). Das Hotel selbst liegt ähnlich günstig wie das Schulungszentrum, nämlich genau in der Mitte der holländischen Einöde. Die Schulung war am ersten Tag ebenfalls harmlos, der Trainer sieht aus wie David Schwimmer von "Friends", nur im Schulungsraum dürfte eine Direktverbindung zur Kanalisation bestehen (und 30 Leute sind auch noch auf engem Raum versammelt). Zu Mittag gab es "Sandwich", d.h. irgendwelche Laberl mit Käse, sowie Milch!!!! Auf mein Nachfragen wurde mir erklärt, dass das in Holland üblich ist, vorzugsweise Buttermilch!!!

Beim abendlichen Joggen bin ich natürlich gestürzt und traue mich nun mit den blutigen Knien nicht ins Pool - aber zum Glück spielt es gerade StarTrek (in englischer Originalfassung mit holländischen Untertiteln)

Mi, 13.6. 2001 Der Kurs war wieder ziemlich harmlos, v.a. dank der zahlreichen Pausen. Nur der Small-talk ist etwas kompliziert, da die meisten in den Kaffeepausen holländisch reden - aber mit mir spricht man dann doch höflich auf Englisch. Das Mittagessen war wie gestern, nur habe ich diesmal auf die Buttermilch verzichtet. Beim Heimfahren ins Hotel habe ich kurz über "magere Runderlappen" beim Fleischhauer nachgedacht, mich aber im Sinne einer Risikominimierung dagegen entschieden. Nach einem kurzen Schläfchen bin ich nach Utrecht aufgebrochen, ein reizendes kleines Städtchen, mit einem Dom, dem nach einem Wirbelsturm im 15.Jhdt. das Hauptschiff fehlt, der Turm steht daher 50m vom Restdom entfernt, einigen Coffeeshops, sowie etlichen normalen Cafes am Ufer von der "Oude Gracht". Die Stadt ist nicht wirklich autofahrerfreundlich, was ich im Normalfall nur unterstützen würde, aber nachdem ich mit dem Leihauto unterwegs war, habe ich 30.- für 1h Parken neben den vertrauenswürdigen Typen vom Coffeeshop doch als etwas übertrieben empfunden.

Fr, 15. 6. 2001 Gestern habe ich Arnheim besichtigt, billigere Parkgebühren (6.- für 20min), und dank des langen Einkaufsdonnerstags wesentlich mehr Leute auf der Straße. Die Holländerinnen sind entweder blond und haben 2 lange Zöpfe oder dunkelhäutig mit dunklen Haaren - dazwischen gibt's nichts. (Die Holländer sehen wahrscheinlich auch so aus, aber die seh ich mir nicht so genau an).

Eine Besonderheit sind die Fenster ohne Vorhänge - offensichtlich soll jeder sehen, wie sauber das Wohnzimmer aufgeräumt ist (wäre was für mich *g*) - aber damit man es nicht zu genau sieht, stehen in jedem Fenster in Holland dieselben hässlichen weißen Blumentöpfe mit demselben Grünzeug. Heute nach dem Kurs war ich am Meer (oder so was ähnlichem, ev. ist es auch ein riesiger, durch Dämme abgetrennter Teil der Nordsee gewesen). Auf jedem Fall hat es geregnet, was eine leicht melancholische Stimmung aufkommen ließ - also bin ich schnell zurück ins Hotel, joggen und Whirlpool - es geht nichts über ein geregeltes Leben.

Mo, 18. 6. 2001 Seit Freitag bin ich leicht verkühlt, ich hätte mich wohl doch nicht in die verschnupfteste Gruppe des Kurses setzen sollen - aber ich habe gedacht, durch mein fleißiges joggen bin ich abgehärtet und immun gegen Verkühlung - ich sollte dem Struntz wohl doch nicht alles glauben! Am Samstag bin ich daher erst gegen 11h aufgekrochen und gegen Mittag nach Amsterdam aufgebrochen.

Auf Anraten eines Trainers (David Schwimmer) bin ich nur bis zum Stadion von Ajax gefahren ("Arena"), habe dort geparkt und bin öffentlich in die City. Allerdings habe ich den Fehler gemacht und einen Holländer gefragt, wie ich am besten zum Bahnhof Amsterdam komme, und er hat mich nicht vielleicht zur nahen Metro-Station verwiesen, sondern auf den Bahnhof Druidenknecht (o.ä.). Der war zwar 10min entfernt, aber zum Glück hat es nur leicht geregnet. Dort angekommen habe ich im Supermarkt (!) die Fahrkarte (hin und retour) gekauft und bin mit der

Metro (ja, die fährt auch von dort weg, die nächste Station war "Arena") nach Amsterdam. Das Wetter am Samstag war nicht ganz schlecht, und so konnte ich relativ trocken die wichtigsten Sehenswürdigkeiten zum dritten Mal abklappern.

Gegen 18h kam dann allerdings ein nettes Gewitter auf, aber ich hab rechtzeitig vor dem Regen eines der ganzseitig verglasten Kaffeehäuser aufgesucht, mich ans Fenster gesetzt, und ca. 200 Fotos von den Menschen gemacht, wie sie im Gewitterregen die Straße rauf und runter liefen. Dann bin ich selbst nochmals im Regen auf und ab gegangen, aber das war doch nicht ganz so lustig, wie im warmen Kaffeehaus, und so bin ich gegen 20h zurück zum Hauptbahnhof.

Dort wollte ich mich in die Metro setzen, aber die dortigen Kontrollore ließen mich nicht - die Karte die ich im Supermarkt erworben hatte, war nur für die Eisenbahn, nicht aber für die Metro gültig. Auf mein entrüstetes "But I arrived here with the metro!" wurde nur mit einem sarkastischen "That was illegal" geantwortet. Bevor ich verhaftet wurde, bin ich also in die Bahnhofshalle und habe einen Zug nach Druidenknecht gesucht, freilich vergeblich, da die angeschriebenen Züge Richtung Utrecht, Brüssel oder Wien gingen - und ich war nicht ganz sicher, ob Druidenknecht wirklich ein Hauptverkehrsknotenpunkt wie Attnang-Puchheim ist. Also bin ich zurück mit der festen Absicht, den Kontrolloren klarzumachen, dass ich ein unwissender Tourist bin und das Recht hätte, mit meiner Rückfahrkarte auch zurück zu fahren. Das ist mir auch halb gelungen, (den unwissenden Touristen haben sie mir nämlich abgenommen), aber eine Metro-Karte musste ich trotzdem kaufen ("before you wait one hour for the train, buy a metro ticket") - wieder 30.- weniger. In der Arena-Parkgarage hab ich dann noch 120.- fürs Parken gezahlt und bin spät aber pleite im Hotel angekommen.

Am Sonntag wollte ich natürlich meine gesammelten Erfahrungen umsetzen und bin wieder nach Amsterdam. Diesmal war "Dutch Day" in der Arena, was wohl bedeutet, dass alle Holländer hin mussten und ich konnte im Stau vor den Arena-Parkplätzen ein tolles Gemeinschaftsgefühl mit diesem Volk entwickeln. Immerhin hab ich die nahe Metro-Station gefunden, habe ein 1-Tagesticket erworben und bin wieder in die City.

Diesmal bin ich durchs Rotlichtviertel, und das hat einen sehr zwiespältigen Eindruck hinterlassen. Einerseits ist es bewundernswert, welche Toleranz gesellschaftlichen Randgruppen in Amsterdam entgegengebracht wird, andererseits müssen sich die Frauen, so gut wie alle Farbige, für geile Touristenhorden zur Schau stellen und das Geld dann noch ihren Zuhältern und Menschenhändlern abliefern. Allerdings war ich natürlich auch ein Teil der Touristenhorde - ich bin also recht nachdenklich wieder raus aus dem Viertel.

Das Wetter war wie am Abend vom Samstag, also alle 2h Wolkenbruch und dazwischen sonnige Auflockerungen. Diesmal hab ich mich auf einen Kaffee in einen McDonalds gesetzt und die nassen Passanten vom 1.Stock aus fotografiert. In einer Regenpause bin ich 50m zum Blumenmarkt, dort war wieder ein Wolkenbruch (aber zum Glück waren die Tulpen und ich durch ein Glasdach geschützt). Dann 2km weiter, dann Tee beim BurgerKing während es draußen geschüttet hat, dann 2km weiter, etc... Zur Auflockerung bin ich auch einige Runden mit der Straßenbahn gefahren, nachdem ich keinen Tee mehr sehen konnte ("Und warum ist die Banause nicht in ein Museum gegangen?" - nun, weil die Museen spätestens um 17h schließen und ich wieder erst gegen 14h im Amsterdam angekommen bin!). Um 20h wollte ich dann aufgeben, als endlich der Regen wieder aufhörte - und ich konnte mir noch eine Fahrt im Riesenrad am Damrak gönnen.

 Diesmal hab ich problemlos die Metro nehmen dürfen, aber dafür habe ich einige Überraschungen in der Arena erlebt. Als ich wie gestern zahlen wollte, nur bei einem anderen Apparat, habe ich eine kleine Notiz entdeckt (4-Sprachig, ca. A6-Format), dass man, wenn man hier parkt, um öffentlich nach Amsterdam zu gelangen, nur 70.- zahlt und außerdem 2 Fahrscheine erhält (wenn man 2 andere vorweisen kann, die in Amsterdam entwertet waren). Das hat mit der Tageskarte zwar nicht funktioniert, aber immerhin bekam ich den vergünstigten Tarif. (und dass sie nicht an jedem Automat diesen Hinweis anbringen ... na ja, ist halt so...).

Und dann habe ich mein Auto 40min lang gesucht. Zuerst hab ich mich an die Story meines Ex-Chefs erinnert, dem dies auf einem Riesenparkplatz in den USA auch schon mal mit einem Leihauto passiert ist, aber nach 20min war ich der festen Überzeugung, dass es gestohlen wurde, denn ich konnte mich ziemlich genau an die Stelle erinnern, wo ich es abgestellt hatte, und da war nichts mehr. Ich bin also nochmals zur Information (bei der ich mich zuerst beschwert hatte, wie schlecht der reduzierte Tarif angeschrieben ist) und musste zerknirscht zugeben, dass ich das Auto nicht mehr finde, und ob es hier mehr als 2 Geschosse gibt. Der Informant schickte mich wieder zurück ins Obergeschoss, und logischerweise fand ich das Auto wieder nicht.

Nach 40min bin ich nochmals zum Informanten, und der hat mich wohl für einen ziemlichen Vollidioten gehalten und mich wieder ins Obergeschoss geschickt und mich auch freundlich auf eine drohende Nachzahlung hingewiesen ("You have to pay 3 Guldes more for the 40min your were spending here looking for your car"). Und, diesmal - ich war wieder im Obergeschoss - stand mein Auto da, genau dort, wo ich es abgestellt hatte. Es gibt einige Lösungsmöglichkeiten zu diesem Rätsel: a) ich bin in einem Raum-Zeit-Strudel gefangen gewesen und immer im Obergeschoss wurde mir ein anderer Tag gezeigt, oder b) einige holländische Muskelmänner wollten sich einen Spaß erlauben und haben den Twingo für 40min am Dach versteckt, oder c) das Obergeschoss besteht aus 2 fast identischen Teilen, die um 180 Grad versetzt sind und keinerlei Durchgang zueinander haben, außer über das Erdgeschoss. Ich tendiere ja zum Raum-Zeit-Strudel, habe ich auch in StarTrek öfter gesehen.

Heute war wieder Kurs, diesmal aber etwas anspruchsvoller und mit weniger Pausen, dafür mit Kantinenessen statt Sandwichs. In der Kantine konnten wir unter zahlreichen Sandwiches mit verschiedenen Wurst- und Käsesorten wählen, dazu gab es Buttermilch. Na gut, es gab auch gefülltes Irgendwas. Eine italienische Kollegin hat es kurz nach anstechen gleich übriggelassen, aber ich bin ja die Kantinen Kost gewöhnt und fand es gar nicht so schlecht (eine Art panierter Reis - "from our colonies").

Mi, 27. 6. 2001 Inzwischen bin ich in Hannover angelangt und das Hotelzimmer ist außerordentlich außerordentlich! Lauter Designer-Möbel, ca. 6m hoch und mindestens 50m2, eine Unmenge Spiegel (ich kann mich schon nicht mehr sehen, dabei schneide ich sonst gerne Grimassen vor einem Spiegel) sowie 2 Fernseher! Zu dumm für das Zimmer, dass es in so einer lausigen Stadt stehen muss. Hannover ist, naja, so stelle ich mir halt St. Pölten vor (halt eine Spur spannender als Innsbruck oder Bozen).

Spaziergang in Hannover

Holland habe ich glücklich letzten Donnerstag verlassen, aber es besteht die "Chance" in 3 Wochen nochmals hinzufliegen. Immerhin, an einem Abend sind wir als multinationale Gruppe (Bulgarien, Frankreich, Spanien, Italien & Österreich) nach Arnheim gefahren und welch große Überraschung: um 22.30 waren die Cafes am Hauptplatz noch voll von Menschen. Scheinbar verstecken sich die Holländer zwischen 19 und 21 Uhr und kommen dann wieder heraus, wenn die Touristen aus lauter Langeweile schon wieder im Hotel sind und fernsehen. Es war sicher der angenehmste Abend der Reise, ein richtig mediterranes Lebensgefühl kam auf (u.a. da wir in einer Pizzeria waren und natürlich v.a. wegen der drei schönen Südländerinnen)

Am Dienstag durfte ich von zu Hause aus arbeiten (und ich habe zu Hause etwas weiträumiger definiert, und war nachmittags im Gänsehäufel), abends bin ich dann nach Hannover geflogen. Diesmal hatte ich ein Business-Class Ticket (so teuer wie 3x Los Angeles), habe es allerdings nicht rechtzeitig bemerkt, und am Gang auf die Abfertigung gewartet, nicht in der Business-Class Lounge (aber immerhin war ich nicht in der Raucher-Zone - beschränkt, aber lernfähig). Der Flieger war von Tyrolean, das Essen dementsprechend bodenständig. Dafür gab's in der Business-Class die Getränke in Gläsern - blöderweise fassen die aber nur 1cl, sodass ich dreimal ein Cola ordern musste.

Der Kurs ist ziemlich anspruchsvoll, aber wenigstens konnte ich 30min Mittagsschlaf im Hotelzimmer verbringen. Abends war ich nun im Zentrum, 28 Grad und Regen, und das in Hannover.... ich bin also bald ins Hotel zurück geeilt und habe das Luxus-Fitnesscenter ausprobiert, wegen meines Schnupfens allerdings nur 45min.

Sa, 30. 6. 2001 Von Hannover gibt's nichts besonderes mehr zu berichten, beim Rückflug saß ein älterer Mann im Anzug neben mir (Typ Hofrat: Business Class fliegen und Kronen Zeitung lesen). Etliche Plätze rundherum waren zwar frei, aber er ist stur sitzen geblieben. Dafür hat er dann beim Essen kurz gemurmelt: "Verdammt eng hier, oder"....

WIENER GESCHICHTEN II

Donauinselfest, Wien

Mo, 2. 7. 2001 Kürzlich habe ich die neueste Damenmode entdeckt, Jeans die so tief sitzen, dass man den Tangastring inkl. Umgebung der Trägerin gut wahrnehmen kann - erfreulich und ausbaufähig. Samstag war wieder das Gänsehäufel dran, danach Wicky-Slime & Paiper Clubbing, mit den Höhepunkten: a) Captain Iglu, der mit nacktem Oberkörper (Umfang ca. 200cm), Rauschebart und Sonnenbrille ekstatische Beschwörungstänze aufführte (die Sonnebrille hatte er wahrscheinlich, damit er die ungläubigen Blicke aller anderen Besucher nicht zur Kenntnis nehmen musste) sowie b) Rambo IV, der in Rangerjacke und verbissenen Gesichtsausdruck nach dem Feind Ausschau hielt. Und mein Zimmerkollege hat einen neuen Leitspruch groß auf die Tafel im Zimmer geschrieben hat: "Gewinner geben nie auf - Aufgeber gewinnen nie". Der große Tiroler Berggott allein weiß, was ein "Aufgeber" genau ist, aber offensichtlich ein guter Gegner zum Badminton spielen. Und außerdem bin ich nicht wirklich überzeugt, dass Gewinner nie etwas aufgeben, denn schließlich sind viele Kollegen ja noch immer in i meiner alten Firma....

DIENSTREISE HOLLAND II

Wieder ein Spaziergang im Regen, diesmal in Nijmegen

So, 15. 7. 2001 Und wieder bin ich in Holland. Diesmal aber raffinierterweise in Arnhem und nicht wieder im öden Nest wie drei Wochen zuvor. Die beiden letzten Samstage war ich im Gänsehäufel, ich bilde mir ein, ich habe den Betriebsarzt im Nacktbadegelände erblickt, aber ich kann mich auch täuschen, er hatte jedenfalls keinen weißen Mantel an. Den heutigen Tag hätte ich auch lieber in Wien im Bad verbracht, aber die billigen Flugtarife wollten es, dass ich schon gestern Abend abfliegen musste. Der Flug war wie immer: ereignisreich.

Diesmal bin ich ganz manager-like erst 1h vorher beim Check-in gewesen (hab nach dem Gänsehäufel noch ein Eis gegessen), dafür habe ich auch prompt den Schalter erwischt, bei dem eine Kombination aus neuer Mitarbeiterin sowie Charterflugpassagieren, die unbedingt zusammen sitzen wollten, zu etwas längeren Wartezeiten geführt hat. Ich bin dann zum Nebenschalter ausgewichen, aber dort war die Folie für die Kofferbeschriftung aus, und der Yuppie-Schalterboy (nur Anzugsweste aber kein Sakko) hat gemeint, ich solle mich doch besser woanders anstellen, da er erst ins Lager müsse. Kaum war ich beim anderen Schalter (der ursprüngliche) angestellt, war er schon wieder da...

Aus Zeitmangel konnte ich mich auch nicht in die Raucherzone verirren. Im Flugzeug ist meine mexikanische Woche weitergegangen (nach einem Salma Hayek Film und einer Mexikanergruppe im Gänsehäufel), eine Pilgergruppe aus Mexiko ist gerade aus Jerusalem zurückgekehrt und war auf dem Heimweg. Einer der Pilger ist allerdings nicht wieder mit an Bord, daher wurde sein Gepäck wieder ausgeladen, daher haben wir den Slot verpasst, daher hatte der Flieger 1h Verspätung (ähnlich wie in NY im Dezember). Immerhin konnte ich so mit meiner Sitznachbarin ein Gespräch beginnen, zwar nicht Salma Hayek, dafür eine langhaarige Blondine. Allerdings war sie ziemlich befremdlich, beim Start hat sie angefangen, leise vor sich her zu singen, ich habe schon gedacht, sie ist so eine Art Unglücksengel, der die verlorenen Seelen nach dem Absturz heimleiten soll. Nachdem ich aber noch schreiben kann, war es wohl doch nicht so, ein himmlischer Bote würde auch nicht das Cola verschütten (falls Engel überhaupt Cola trinken dürften).

Um Mitternacht bin ich schließlich im Hotel angekommen, habe den Begrüßungswein zu einem Viertel geleert (d.h. ich habe noch 3/8 in der Flasche) und mich voll Vorfreude auf meinen sonnigen Tag in Amsterdam hingelegt. Da ich ja nun in einer Stadt (mit richtigen Menschen auf den Straßen) wohne, gibts auch einen Bahnhof und ich konnte mir das Theater mit dem Parkhaus bei der Arena diesmal sparen. Dafür hab ich im ICE einen Zuschlag zahlen müssen, allerdings nur die Hälfte, diesmal konnte ich mich scheinbar besser als unwissenden Touristen verkaufen (oder der Schaffner fand mich einfach sympathisch, da er sagte, "You are my friend, you get a special price"). Amsterdam war anfangs wie immer, d.h. es regnete. Nach 20min kam allerdings die Sonne raus und blieb den ganzen Tag!!! Es war zwar nicht so warm wie in Wien, aber immerhin! Es war wirklich schön und gemütlich und nett.

Mo, 16. 7. 2001 Der Kurs war heute wieder sehr angenehm, einfacher Stoff, nur Vortrag, keine Übungen und viele Kaffeepausen. Aber dann der Lunch: Das letzte Mal habe ich ja an eine Ausnahme gedacht, aber es scheint hier üblich zu sein: Da schmiert der Trainer wirklich eine mit Senf und sonstigen Unrat gefüllte "Krokette" auf sein Toastbrot und isst es dann mit Messer und Gabel, quasi um zu beweisen, das doch eine Restzivilisation da ist.

Meine spanische Woche geht weiter, eine Kollegin aus Saragossa wohnt im selben Hotel und als Dank für die Kassette mit Santana nehme ich sie nun jeden Tag mit zum Kurs - ansonsten müsste ich im Autoradio wieder täglich die holländischen Moderatoren hören, und die klingen alle wie Rudi Carell!!!

Abends war ich in Nijmegen, dort findet gerade ein Mini-Donauinselfest statt. Nun ja, es liegt zwar am Rhein, und Insel ist dort auch keine, aber immerhin spielen sie Musik auf den Straßen, sogar teilweise sehr gute (wenn sie Englisch singen!). Etwas merkwürdig ist freilich, dass die Holländer auch bei der flottesten Rockmusik stocksteif dastehen und nur am Liedende applaudieren. (Naja, viele Wiener, inkl. mir, sind ja auch nicht gerade Bewegungstalente, aber so völlig emotionslos dastehen, ohne mit den Beinen zu wippen, ist schon befremdlich).

Di, 17. 7. 2001 Eigentlich war der Tag wie gestern, nur statt Hawaiitoast gab es Palatschinken mit Speck und Käse. Prinzipiell ganz gut, nur geben die Irren auf diese pikante Palatschinke einen süßen Sirup!!!! Am Abend war wieder das Mini-Donauinselfest, diesmal noch gleicher wie in Wien, denn es regnete und es gab ein Feuerwerk. Aber immerhin, sobald es dunkel wird und schon genug Alkohol genossen wurde, fangen auch die Holländer an zum schunkeln bei den diversen Musikbühnen.

Di, 24. 7. 2001 Am Wochenende habe ich wetterbedingt größtenteils geschlafen, auch da die letzte Woche so anstrengend war, haha. Am Donnerstag war ich mit meiner spanischen Kollegin in Nijmegen am Musik-Fest. Allerdings wollten wir nicht das Risiko eingehen und original holländisches Essen ausprobieren sondern gingen in ein indisches Lokal - und lernten, welch unterschiedliche Bedeutung das Wort "mild" in verschiedenen (Ess-)Kulturen haben kann. Ich war wohl so eine Art Notlösung für die Kollegin, da sie ein holländischer Kollege zu "original Dutch food with his family" eingeladen hatte - und bei der sonst üblichen Zurückhaltung der Holländer fürchtete sie, das könnte eine Art Vorstufe zur Verlobung sein.

Die Teilnehmer am Kurs waren eigentlich all sehr nett, so wie auch in den ersten Wochen, aber es war niemand dabei, der vorgeschlagen hätte, zusammen essen oder zum Musik-Festival zu gehen, eventuell liegt das aber auch daran, dass ich keine junge Frau bin. Am Freitag hat es den ganzen Tag geregnet in Arnhem, und ich war echt froh, das regnerische Holland zu verlassen und ins 35 Grad Wien zurückkehren zu können. Umso größer war natürlich die Enttäuschung über das Regenwetter am Wochenende, eigentlich schon am Freitag, als ich mein Auto im Regen am Flughafenparkplatz gesucht habe. Ich könnte natürlich etliche gute Gründe anführen, warum es nicht dort stand, wo ich es vermutete, aber ich denke der Hauptgrund ist, dass ich bin einfach zu blöd bin!

WIENER GESCHICHTEN III

Wiener Innenstadt an einem Frühlingsabend

Mi, 25. 7. 2001 Am Samstag und Sonntag habe ich einige alte Freundinnen in Wien getroffen. Eine ist nur zu Besuch in Wien, da sie einen Griechen geheiratet hat und seit 5 Jahren in Athen lebt, dann waren wir gemeinsam eine andere Freundin besuchen, (die hat einen Chilenen geheiratet, aber sie lebt mit ihm und den Kindern in Wien). Und eine andere Freundin war vor 3 Wochen hier, sie hat einen Amerikaner geheiratet und lebt nun in San Francisco. Es scheint, als ob alle meine weiblichen Bekannten nur Ausländer heiraten – die Frage ist, ob das nur an mir oder allgemein an den Wiener Männern liegt.

Gestern habe ich 20 Kartons für meinen Umzug erhalten, und begonnen mein Leben in Schachteln einzuschlichten. Ich habe die Kartons gleich gekauft, damit ich sie nicht mehr ausräumen muss und gleich im Keller verstauen kann - da fühle ich mich nach dem Umzug dann wie neu geboren, ohne die Last der Vergangenheit.

Die einstündige Fahrt ins Büro verbringe ich nun mit italienisch lernen, falls ich meine neuen Bekannten in Italien doch mal besuchen kann. Die wichtigsten Redewendungen sind typisch für einen deutschen Sprachführer: "Die Bettwäsche wurde nicht gewechselt", "Das Klo stinkt", oder "da stimmt etwas nicht auf der Rechnung". Allerdings sind auch echt überlebensnotwendige Sätze drinnen, z.B. "Vorrei un gelato con tre gusti". Allerdings bin ich nach dem Ankommen beim Bürolift wieder schlagartig in die Realität zurückgeholt worden, als 2 Prolos (Typ Zuhälter) sowie deren Sekretärin primitive Witze rissen. Der eine Prolo (der fette mit der riesigen goldenen Krawattennadel) regte sich auf, dass eine Kollegin von ihm beim letzten Seminar lieber joggen war und eine andere gar lieber ein Buch (!) gelesen hat, als mit ihm und dem Rest der sicher lustigen Runde fröhlich beisammen zu sitzen...

Di, 7. 8. 2001 Ein angenehmer Tag im Büro neigt sich zu Ende - und es wird wohl einer der letzten stressfreien Abende bis Ende September. Meinen Geburtstag (und gleichzeitig den meiner Mutter) habe ich wohlbehalten im Kreise der Familie gefeiert, nachdem ich die Freundesparty aus diversen Gründen eine Woche zuvor gefeiert habe (insbesondere da eine Bekannte noch da war und eine andere noch nicht da war). Neben guten Dingen für meine schlanke Sommerfigur (Marzipan, Marmelade,...) habe ich noch ein Bügelbrett bekommen, ja meine Freunde schauen halt auf mich.

Beim Filmfestival am Rathausplatz konnte ich beobachten, wie 2 ältere Damen nebeneinander sitzen wollten - allerdings hätten dafür 6 Personen um einen Platz rücken müssen - und 5 davon sind auch gerückt, eine noch ältere Dame wollte allerdings partout nicht (offensichtlich hat sie ihren Sessel schon so schön aufgewärmt) und ist stur aber freundlich lächelnd sitzen geblieben (scheinbar war sie das Vorbild unserer Außenministerin). Die beiden nicht ganz so alten Damen hat das aber nicht sehr gestört und sie haben sich nett über die nunmehr zwischen ihnen sitzende ganz alte Dame unterhalten. Der Film, ein Ballett für Kinder über den gestiefelten Kater, war übrigens ziemlich gut - scheinbar sollte ich meine Klassikansprüche nicht ganz hoch ansetzen.

Im Gänsehäufel tragen sich auch lustige Dinge zu, z.B. wandelten 7 Schwäne im Gänsemarsch vor sich hin, und der Bademeister hinterher, um sie ins Wasser zu treiben, was wirklich ziemlich witzig ausgesehen hat. Die Reaktion des Publikums: "Jö schau, des missart ma fotografiern und an die KRONE schickn" - soweit zur Macht des Kleinformats. Neulich ist auch ein rescher Typ auf einem FPÖ-Wasserball herumgelegen, und wie er einige Laute von sich gegeben hat (v.a. lautes Kichern (oder grunzen?) beim Würfelpoker) konnte man deutlich seine Kärntner Herkunft feststellen - ja wenn das kein Zufall ist.

Mein derzeitiges Hauptproblem ist ein Mitbringsel für meine italienische Arbeitskollegin, die mich nach Kalabrien eingeladen hat: Da ihr Freund ein Wiener Koch ist, fallen so gut wie alle üblichen Geschenke (Sachertorte) weg. Ich tendiere derzeit zu so einer Schneekugel mit dem Stephansdom und dem Riesenrad.

Gestern war die Willkommensparty in meinem neuen Haus, originellerweise in der Tiefgarage, deren Vorzüge auch ausführlich gelobt wurden. Dazu gab es ein Buffet, spendiert von der Baufirma, Würstel, die scheinbar von der Baustelle über geblieben waren. Ich hab im anschließenden Small-talk den Architekten gefragt, ob er denn hier einziehen würde, und er hat geantwortet, er nicht, aber seine Tochter. Die hat auch (zufälligerweise) die allerbeste Wohnung ergattert, auf die ich eigentlich gespitzt habe, aber die natürlich nicht mehr frei war...

Morgen Vormittag ist Schlüsselübergabe, nachmittags kommt das Whirlpool. Das wird am Wochenende von meinem netten Cousin angeschlossen, nächste Woche kommt dann der Melanboden, in der Woche darauf die Möbel, und am 3.9. ist großer Umzugstag. Alles genau ausgerechnet, und da bei solchen Dingen nie was schiefgeht, werde ich bald übersiedeln können!!

Mi, 8. 8. 2001 Inzwischen habe ich den Wohnungsschlüssel (besser gesagt 7 Wohnungsschlüssel) überreicht bekommen und habe mir die leere Wohnung auch schon angesehen und sie auch mit dem nötigsten versorgt (Liegestuhl, Polster, Orangensaft, Klopapier). Meine Nachbarn habe ich auch schon kennen gelernt, eine nette türkische Familie mit mindestens 2 Kindern, es sieht aber so aus, als ob es bald mehr werden und sie wirken alle recht reizend und gebildet.

Fr, 10. 8. 2001 Tja, die Whirlpoollieferung. Zum Glück hatte ich kaum was damit zu tun, außer einen Liegestuhl für meine Mutter herzurichten, die freundlicherweise die Lieferung in der Wohnung abwartete. Termin, so wie üblich: Nachmittags. Gegen 16.30 ist dann eine Person gekommen, und der wollte den Whirlpool unten an der Haustür abgeben. Da mir die Montage dort aber doch ein wenig zu öffentlich erschien, habe ich in einer Pseudo-Telefon-Konferenz die Fa. OBI davon überzeugen können, dass ich Lieferung in die Wohnung bestellt und bezahlt habe. Die haben dann einen zweiten Mann hingeschickt, und nun steht das Trumm im Vorzimmer (gehört ja auch zur Wohnung).

Heute ist großes Ausmalen angesagt und nächste Woche, während meines Italien Urlaubs, sollte der Boden verlegt werden - aber da das so toll mit den Handwerkern ausgemacht ist (waun de genau durt san kon I a net sogn, des san nur Subuntanehma von mir) kann eigentlich nichts schiefgehen!

URLAUB KALABRIEN

Marienfeierlichkeiten in Arasi, Kalabrien

Di, 14. 8. 2001 Mein Kalabrien Urlaub ist im vollen Gange, bis jetzt bin ich keinen Tag vor 2h morgens ins Bett gekommen. Heute wurde allerdings gegen 8h der Hausbau gegenüber fortgesetzt, was mir nun etwas Zeit für einen Zwischenbericht gibt.

Die Idee, mich von meiner Arbeitskollegin hierher einladen zu lassen, war großartig. Die Wohnung ist mit alten Möbeln wunderschön eingerichtet, ich habe ein eigenes Zimmer, sogar mit Gitterbett. Die Ankunft am Samstag ist planmäßig verlaufen, auch das Leihauto habe ich problemlos bekommen. Allerdings hatte ich offensichtlich Glück, denn den beiden Österreicher vor mir, welche dieselbe Agentur hatten, wurde mitgeteilt, dass die Zentrale in München ihre Reservierungen storniert hatte, was den beiden bei 40 Grad und gesteckt vollem Raum sichtlich Spaß gemacht hat. Nur im Flieger ist ein Halbidioten-Pärchen neben mir gesessen und die haben mit der VISA-Karte vom Papa den Flug-Duty-free-Wagen leergekauft.

Mein Auto habe ich wie immer nach "kurzem" Suchen am Parkplatz gefunden, auf dem Vertrag wurden sieben Punkte angekreuzt, die schon defekt sind, u.a. wurde mir gesagt, dass das Schloss nur von der linken Seite aufzusperren wäre - inzwischen bin ich aber zum Gaudium meiner Gastgeber draufgekommen, dass im Schlüssel eh eine Fernsteuerung enthalten ist, und dass das Auto sogar eine Klimaanlage besitzt!

Alles weitere war problemlos, ich bin per Fähre von Messina nach Reggio di Calabria gefahren und wurde gegen 21h sehr herzlich empfangen. V.a. Gustl, der österreichische Freund meiner Gastgeberin Gianna ist sehr froh, endlich wieder mit jemand im Wiener Dialekt sprechen zu können. Wir sind gegen 22h Uhr mit vielen Freunden zum Essen aufgebrochen, und ich habe einen entscheidenden Fehler gemacht: Ich habe 2 Wörter italienisch gesprochen, wonach die weitere Konversation auch hauptsächlich in italienisch stattgefunden hat, und ich nur blöde genickt und gelächelt habe, wenn etwas zu mir gesagt wurde...

Nach Pizza und Pasta sind wir zur Hauptstraße, "Der schönste Kilometer Italiens" auf ein Eis aufgebrochen. Das sieht ca. folgendermaßen aus: Man fährt gemeinsam weg (ca. 3 Minuten), sucht getrennt einen Parkplatz und trifft sich dann per Handy wieder gemeinsam auf einem Platz, so ca. nach 30 Minuten. Das Eis und die Straße waren wunderbar, allerdings ist einer Freundin von Gianna schlecht geworden (obwohl ich, mangels Sprachkenntnis, ausnahmsweise keine geschmacklosen Bemerkungen gemacht habe), wodurch sich unsere Gruppe wieder halbiert hat. Giannas Cousin hat mir dann auf italienisch ziemlich viele Dinge entlang der Straße erklärt, aber zum Glück war Gustl mit, der für mich übersetzt hat. Gegen 2h bin ich dann ziemlich erschöpft ins Bett gefallen und habe die restlichen Bewohner mit meinem lauten Schnarchen überrascht.

Sonntag vormittags lernte ich dann eine der wunderbarsten Schöpfungen der Menschheit kennen: Granite, aber nicht so einfach fader gefrorener Saft, wie er in Norditalien üblich ist, sondern mit echten Früchten. Das war wirklich unglaublich gut, und ich glaube, ich werde demnächst einen Granite Shop in Wien eröffnen - und auch die köstliche Mandelmilch dazu importieren, die es hier statt Buttermilch gibt. Anschließend sind wir zu Giannas Eltern gefahren, die sich den Sommer über eine Wohnung am Meer gemietet haben (d.h. eigentlich liegt Reggio ja am Meer, also nehme ich an, sie wollten ihren Töchtern nur einen unbeschwerten Urlaub in der Heimat gönnen - sie haben ja nicht wissen können, dass ich auftauchen würde). Wie alle anderen waren auch die Eltern sehr freundlich zu mir, was sich insbesondere beim Abendessen nicht gut auf meine Figur auswirkte - da gab's nämlich nach der Riesenportion Spaghetti noch einen zweiten Gang, mit dem ich wirklich nicht mehr gerechnet habe. Dan Tag haben wir am Strand verbracht, wunderbar erholsam mit unglaublich klarem Wasser.

Gegen Mitternacht sind wir dann in den Nachbarort aufgebrochen, Scila, sehr pittoresk, mit einer netten Burg. Wie üblich haben wir am Treffpunkt 30 Minuten gewartet, diesmal allerdings nicht alleine, sondern mit dubiosen Gestalten in einem großen BMW hinter uns, woraufhin ich einige einschlägige Vermutungen geäußert habe, die Gianna nicht wirklich dementiert hat. Schließlich ist Giannas Bekannter aufgetaucht, Paolo, und hat auch die zwei Typen vorgestellt - woraufhin Gianna nichts besseres wusste, als den beiden meine Vermutungen mitzuteilen, was mich a) unglaublich beliebt machte und b) zum Trottel des Abends stempelte...

Außerdem lernte ich an diesem Abend die Steigerung von unglaublich gut kennen - Granite mit Mandorla (Mandeln). Das schmeckt wie kühles, zartes, weiches Marzipan und gehört wohl

neben der Erfindung des Rades, der Elementarteilchenphysik und des Whirlpools zu den wesentlichen Errungenschaften der Menschheit.

Paolo hat ausgesehen wie Udo Proksch, was ich zuerst Gustl erzählt habe, dieser dann Gianna und Gianna dann Paolo ("Erwin says you look like a famous Austrian criminal"). Nun muss ich ein Bild von Udo suchen und an Paolo schicken... Das Granite Lokal wurde offensichtlich von einem 7jährigen Buben geleitet, der die Bestellung aufnahm, brachte und kassierte - der andere, 25jährige, war wohl eher sein Angestellter für die niedrigen Dienste wie Tisch abräumen oder so.

Di, 21. 8. 2001 Am Montag konnte ich schon etwas länger schlafen, und musste nur 1h warten bis alle anderen gegen 11h aufgewacht sind. Mit Giannas Schwester, Lucia, sowie ihrem Freund Lucio sind Gustl und ich dann Richtung Norden aufgebrochen. Lucia hat übrigens auch Physik studiert, wodurch wir zur Freude der anderen einige für den Rest unverständliche Gespräche führen konnten. Zuerst haben wir den laut Lucio wichtigsten Ort nördlich von Reggio besichtigt, Bagnara, ca. 200 Einwohner, darunter Lucio selbst. Das Meer und der Strand und das Granite waren wunderbar, und auf der Hauptstraße war auch ziemlich viel los - allerdings soll es außerhalb der Saison doch eher verschlafen zugehen. Quer durch Kalabrien fuhren wir dann vom thyrenischen ans ionische Meer nach Roccella, und dort waren so gut wie keine Leute (trotz Hauptsaison!!) sowie allerfeinster Sandstrand. Ich fürchte freilich, dass in einigen Jahren dort ein ähnlicher Tourismusboom wie an der Algarve herrschen wird, daher sollte ich das rasch ausnutzen und einige Appartements dort kaufen.... allerdings sollte ich bei der Auswahl der Verkäufer eventuell doch Acht geben. Meine Bekannten haben mich dann durch lautes Reden aus der Siesta geweckt und auf der Suche nach einem offenen Lokal sind wir einige Male hin und her gefahren, bis wir ein Lokal gefunden haben, das Lucia zugesagt hat. Drinnen hat sie dann keines der 30 angebotenen Panini gewählt, sondern sich ein eigenes zusammenstellen lassen - und ich hab immer gedacht, Physiker sind unkompliziert...

Nach dem Essen haben wir eine alte Villa gesucht, die laut Lucia sehenswert sein sollte, und sie nach mehrmaligen hin und her fahren auch gefunden. Die Villa war wirklich sehenswert, allerdings in Privatbesitz und daher nicht zugänglich. Aber immerhin haben wir ein nettes Bergdorf kennen gelernt und ich konnte erfahren, dass nicht nur Wiener abfällig über die Landbevölkerung reden, sondern auch Reggionerinnen. ("Is it your first time here?" "Yes, and also the last time").

Abends waren wir auf einem Konzert von Pino Danielle ("Sarah!!!"), der sieht aus wie Anton aus Tirol und singt in der Stimmlage von Tina Turner. Das Konzert fand in einem antiken Theater statt und nach einigem hin und her haben wir auch einen Platz gefunden, den auch Lucia nicht ganz schlecht gefunden hat. Die Emotionen waren ähnlich wie in Holland, alle sind brav auf ihren Sitzen gesessen und haben gelauscht - allerdings könnte das auch an den langsamen und wahrscheinlich traurigen Liebesliedern gelegen haben. Bei der Zugabe haben es einige gewagt aufzustehen und mitzuwippen, die wurden von den hinteren Rängen allerdings barsch aufgefordert, sich gefälligst wieder hinzusetzen - beim Neujahrskonzert in Wien gibt es wohl mehr Emotionen - aber vielleicht war es noch zu zeitig, das Konzert war schon gegen Mitternacht vorbei.

Am Dienstag hatte ich mich aufwachmäßig endlich angepasst, und gegen 13h brachen wir zur Geburtstagsfeier vom Vater von Gianna und Lucia auf. Ich durfte fahren, und konnte alle davon überzeugen, dass mir der italienische Fahrstil zusagte (Ampel ignorieren, in der Kreuzung links überholen, von der Abbiegespur geradeaus weiterfahren und reindrängeln, die Vorrangregeln nach Bedarf bestimmen...). Allerdings konnte ich dem Kreischen doch entnehmen, dass mir die Bewältigung von Extremsituationen (z.B. links abbiegen) nicht wirklich zugetraut wurde. Auf dem Weg machten wir in einer Konditorei halt, um für den Papa eine Eistorte zu besorgen und außerdem einige typische landesübliche Leckereien zu erstehen - die musste ich dann während der Fahrt essen, da die Eistorte sonst geschmolzen wäre - was meinen Fahrstil noch verbesserte, in einer Hand eine Mini-Schaumrolle, in der anderen das Lenkrad, mit der dritten geschaltet und die vierte gerade von der Schokolade abgeputzt.

Die Eltern waren wieder sehr nett, und da ich kaum italienisch kann, konnte ich sie auch nicht beleidigen und sie haben mich auch ganz nett gefunden. Zu essen gab es eine Riesenportion Spaghetti und nach den Leckereien zuvor war ich dann mehr als satt, allerdings gab es dann erst die Hauptspeise. Nach dem Essen hatten wir eine nette Diskussion mit Giannas Bruder, über die Rolle der Frau in der Familie. Er vertrat eher antiquierte Vorstellungen aus dem 19. Jahrhundert und ich versuchte ihm klarzumachen, dass es keineswegs naturgegeben ist, dass der Mann arbeitet und die Frau den Haushalt führt. Da er aber kaum englisch und ich kaum italienisch konnte, musste Gianna immer übersetzen, allerdings wurde sie bei den Antworten ihres Bruders doch sehr emotional und antwortete manchmal gleich selbst. Nun weiß ich wenigstens, was südländische Emotionen sind. Lucia war leider nicht dabei, mir wurde gesagt, dass Diskussionen zwischen ihr und ihrem Bruder meist in kriegsähnliche Zustände ausarten. Schließlich sind wir zur Entspannung zum Strand gerollt und ich konnte Siesta halten.

Abends sind wir dann zu Marienfeierlichkeiten in einen entlegenen Ort (Arasi) im Aspromonte gefahren (das ist das Gebirge, in dem die Mafia ihre Geiseln gefangen hält). Dort wurde ich vom Oberhaupt der Familie, dem 80jährigen Onkel geküsst. Die Prozession spielte sich so ab, dass eine riesige Marienstatue einen steilen Bergweg hinuntergetragen wurde, und zwar immer 2 Schritte vor und einen zurück (erinnerte mich irgendwie an eine Beziehung), was seine Zeit brauchte. Dazu wurde über Lautsprecher immer wieder ein religiöser Sing-Sang wiedergegeben, was eine Art hypnotischen Zustand bei allen Beteiligten auslöste. Nach 2h war die Madonna dann am Hauptplatz angekommen, und zur Feier des Tages wurde ein Papierpferd angezündet. Zuerst dachte ich, na das ist ja fad, bis mehr und mehr Feuerwerksraketen aus dem Pferd kamen und direkt über den Köpfen der Zuschauer explodierten. Gianna meint aber, das kann nicht gefährlich sein, sonst würden sie es nicht machen...

Dann lernte ich süditalienische Hektik kennen - wir waren mit Freunden von Gianna verabredet, aber bereits zu spät, und sie drängte uns sehr eilig Richtung Auto - aber nach einem kurzen Anruf am telefonino war alles klar, da auch alle anderen 1h zu spät waren. Am Weg zur Party, bei der übrigens keiner der 10 Leute, die wir getroffen haben, eingeladen war, machten wir auch bei einer Pizzeria halt, und ich hab eine Take-away Pizza mitgenommen - allerdings zum ersten Mal, und so hab ich natürlich vergessen, sie schneiden zu lassen. Der Versuch, sie händisch zu teilen und meine helle Hose waren freilich nicht wirklich kompatibel...

Die Party war in einem ziemlich noblen Haus mit Blick aufs Meer und großem Garten, und Gustl und ich waren uns nicht sicher, was für Menschen die Gastgeber so waren. Einer hatte eine Kette mit Riesenplastikperlen um den Hals, zuerst dachten wir, dass sie mit Drogen gefüllt ist, aber dann einigten wir uns doch darauf, dass es eher lauter WC-Kugeln waren. Die Menschen waren alle sehr schön und haben sehr gut getanzt, v.a. zu spanischer Hardrock Musik (salta sin parar). Meine italienisch Kenntnisse konnte ich auch einsetzen - als mich der WC-Kugel Typ bat, mit dem Auto ein Stück zur Seite zu fahren, konnte ich ihm antworten, dass ich leider kein Italienisch spreche - aber es ist ihm dann doch gelungen mir klarzumachen, was ich tun soll. Gegen 4h landeten wir wieder zu Hause, und zur großen Freude von Gustl übernachteten Giannas Eltern auch hier und er durfte das Zimmer mit mir teilen.

Der Mittwoch war etwas ruhiger, eigentlich wollte ich ja nach Tropea fahren, aber nachdem es erstens schon 13h war und zweitens Feragosta (15.8.), habe ich lieber mit Gustl das lokale Museum besichtigt. Dort sind zwei toll erhaltene jahrtausende alte Bronzestatuen ausgestellt, allerdings mit etwas kleinen Geschlechtsteilen, wie mein Kalabrienbuch süffisant bemerkte. Den späteren Nachmittag verbrachten wir am Meer, bei Giannas Cousine, und ich konnte endlich wieder Siesta halten. Am Abend haben wir noch einige Freundinnen von Gianna getroffen, und ich war ganz verblüfft, wie langsam die Frauen hier promenieren können, während sie über ihre Männergeschichten reden (von denen ich natürlich nichts verstanden habe, aber Gianna hat das wesentliche nachher für uns übersetzt). Ein sehr nettes Kompliment an Gustl hat sie auch gemacht: Als dieser

meinte, er könne gar keine andere Frau anreden, da er "occupato" sei, meinte Gianna "but dear, you are not a toilet!!".

Donnerstag bin ich nach einem Abschiedsgranite nach Sizilien aufgebrochen, nachdem ich mich von der ganzen Familie mit Wangenküsschen verabschiedet habe (mir persönlich hätte ja Gianna und Lucia gereicht, aber nachdem ich schon das Mittagessen aus Zeitmangel ausgeschlagen habe, musste ich das ja wieder gutmachen). Aber immerhin musste ich Gustl nicht küssen, was dieser sichtlich schätzte. Ach ja, im Supermarkt waren wir auch noch, damit ich mich mit Mandorla-Pasta eindecken konnte, um nun auch in Wien Marzipanmilch trinken zu können. Dabei wollte ich einen Betrag von 25.000 mit einem 100.000er Schein begleichen, was allerdings nicht möglich war. Und dann habe ich 30.000 mit 3.000 verwechselt und mich gewundert, was die Kassierdame noch von mir will (Gianna ist peinlich berührt danebengestanden und hat wohl zum x-ten mal verflucht, mich eingeladen zu haben...).

Am Nachmittag habe ich dann Taormina besichtigt, was nicht wirklich so schlau war, da die Stadt auf einem Berg liegt, der teure Parkplatz sich ca. 300m weiter unten befindet, es sauheiß war,

und ich erst später draufgekommen bin, dass es einen Shuttlebus gegeben hätte. Nach dem Aufstieg bin ich dann vor der schwierigen Entscheidung gestanden, 5.000 Lire in den Eintritt ins Amphitheater oder in ein Mandorla-Granite zu investieren....

Nach dem Granite hab ich mir aber immerhin die restliche, recht fotogene Stadt sowie den tollen Ausblick angesehen, bevor ich ins Parkhaus zurückgekehrt bin. Dort gab es keine Parkscheinautomaten, sondern man musste bei einer Kassa zahlen, bei der schon Duzende Leute angestellt waren. Irgendwer regte sich gerade fürchterlich bei der Kassa auf, dann kam ein Ordner, der wollte ihn beruhigen, dann sagte der Mann irgendwas zum Ordner, dann wurde der Ordner handgreiflich, dann mischten sich noch einige Leute ein, die meisten aber immerhin um den Streit zu schlichten, nur einige um mitzuprü-

geln. Ich bin trotzdem zum Nebenschalter, ich wollte ja nicht in eine sizilianische Vendetta geraten (auch wenn mir vorher versichert wurde, dass die Auftragskiller im allgemeinen sehr präzise arbeiten).

Auf dem Weg nach Syrakus habe ich nach einem Campingplatz Ausschau gehalten, und zu dem Zweck fuhr ich schon lang vorher von der Autobahn ab, da mir die Bucht zwischen Augusta und Syrakus auf der Landkarte sehr idyllisch erschienen ist. Es waren auch so gut wie keine Leute dort, ich glaube vor allem wegen der riesigen Erdölraffinerien, die dort beheimatet sind. Also bin ich doch weiter in die Stadt Syrakus und habe ein Hotel gesucht. Es waren auch immer wieder Hotels per Wegweiser angeschrieben, aber ich habe kein einziges gefunden (d.h. eines habe ich schon gefunden, aber das war irgendwie mit Brettern zugenagelt). Da es langsam dunkel wurde und das Autofahren am Abend, bei mäßiger Beleuchtung und ständig einem Auge am Straßenrand, ob mich nicht ein Hotelzimmer anspringt, recht anstrengend war, bin ich schließlich entnervt den Schildern des

Hotels Relax nachgefahren - das hatte irgendwie eine beruhigende Wirkung. Es war zwar etwas außerhalb und ***, und eigentlich bin ich privat nur * gewöhnt, aber der Name war irgendwie doch ausschlaggebend. Nach kurzer Pause hab ich mich ins Nachtleben gestürzt, d.h. ich war Pizza essen in der City und danach auf der Strandpromenade, an dem eine Kundgebung für irgendeinen Emanuele stattfand, mit Musik und Reden (und inzwischen habe ich manches sogar verstanden). Der Freitag war ganz der Kultur gewidmet, zuerst natürlich das obligate Frühstücksgranite mit Brioche, dann den Dom und sonstige innerstädtische Sehenswürdigkeiten besichtigt (der Dom war übrigens uralt und recht hübsch), dann relaxen unter der Palme am Pool des Hotel Relax, dann die Ausgrabungen (griechisch/römisch) angesehen. Von soviel Kultur habe ich natürlich Kopfweh bekommen, aber eine Stunde Siesta im dunklen Zimmer hat mich wieder aufgebaut. Abends war ich in einer anderen Pizzeria, und

kaum hatte ich die Pizza, legte ein Stromausfall das ganze Lokal ziemlich lahm. Ich ahnte natürlich ein Attentat voraus, aber in meiner unmittelbaren Umgebung passierte nichts - und bald war das Licht wieder da - nur ob alle Gäste noch gesund waren konnte ich nicht beurteilen...

Heimfahrt und Heimflug verliefen reibungslos, nur der Kulturschock über die zahlreichen Deutschen am Flughafen und die noch zahlreicheren Österreicher im Flugzeug, die gerade von ihrem Cluburlaub zurückkehrten, war doch etwas schlimm. Wie beim Hinflug saß auch diesmal ein recht fragwürdiges Pärchen neben mir, er hatte diesen modischen Ziegenbart und sprach dauernd so Sätze wie "Mausi, gleich stirz ma oh" und sie grinste blöde dazu. Dafür waren die 33 Grad bei der Ankunft in Wien ganz nett. Den Abend hab ich am Rathausplatz bei "best of Verdi" verbracht, sehr stimmungsvoll (nur der tätowierte, betrunkene, ausländerfeindliche Parolen grölende Angler (also so gut wie alles, was ich verabscheue) in der U-Bahn machte mir klar, dass es in Wien nicht nur toll ist...).

Am Sonntag beim Familienessen wollte ich italienische Diskussionskultur aufleben lassen und fragte so in die Runde was denn so hinter dem Universum wäre, oder wo wir uns vor der Geburt befunden hätten - was 3 Sekunden intensives Nachdenken und dann die Frage meiner Schwester hervorrief, wie denn das Fußballmatch ausgegangen sei....

WIENER GESCHICHTEN IV

Cineplex Center, Wien

Di, 28. 8. 2001 Die Fahrten mit den öffentlichen Verkehrsmitteln in Wien werden immer mehr zu einer Mischung aus Kabarett und Abenteuer. Gestern in der U6 hat ein ziemlich religiös angehauchter Typ ständig etwas Ruhe, Stille und ewiger Verdammnis geschrieen und dabei mahnend den Zeigefinger in meine Richtung erhoben. Nachdem ihn aber weder ich noch sonst wer im Wagon ernst genommen hat ist er zornig aufgestanden, hat noch was von der Finsternis Gottes gekreischt und in den Wagon gespuckt, bevor er ausgestiegen ist. Da war der Typ, der hinter mir gesessen ist und ständig gekeucht hat, direkt eine Erholung.

Heute in der Schnellbahn bin ich zuerst neben einem fatalistischen, politisch gut gebildeten Briefmarkensammler gesessen ("irgendwann fall ma alle tot um", "wer sammelt scho die Zacken von de Marken", "zuerst worn die briefmarken von da monarchie, dann vom 3. Reich und dann von der 2 Republik - oder samma jetzt überhaupt in da 2. Republik - na is eh wurscht), danach ist es aber erst richtig losgegangen. Ein offensichtlich geisteskranker Mann brüllte beim Anblick von zufällig mitfahrenden tschechischen Schaffnern in einer sehr hohen Tonlage, wie schlimm die

Polizei sei und was sie ihm so antue und dass er die Strafe nicht bezahlen werde etc... Nach zwei Stationen ist er endlich raus, und hat so zum Näherkommen der Fahrgäste beigetragen ("Gellns, des wor a Trottl" - "Jo, do homs recht") - immerhin eine gute Tat in unserer kommunikationsarmen Zeit.

Do, 13.9. 2001 Der Umzug ist nun fast geschafft, heute kommt der Kasten und die überteuerte Küchenplatte (sowie die Schreibtischplatte im selben edel-schwarzem Design). Berichtenswert sind die Übersiedler, die ich über Internet gefunden habe (www.montrans.at): einer, ca. 2m groß, ist normalerweise Sozialarbeiter und hat sich einer Ausdrucksweise bedient, die auch am Burgtheater angemessen wäre, der andere, viel kleiner, aber dafür ganzkörpertätowiert, ist normalerweise Ordner in der Arena und kennt Ostbahn-Kurti. Ich habe das getan, was ich auch in im Beruf am besten kann: Die anderen arbeiten lassen und beaufsichtigen. Na gut, nicht ganz, ich habe beim Kika mein Regal abgeholt und durfte mit den Lagerarbeitern diskutieren, dass sie mir doch bitte die ganze Bestellung übergeben und nicht 10 Stützen für sich behalten - was mir nach Rückrufen und Fax an die Zentrale auch gelungen ist.

Nach der Whirlpoolinstallation letzten Donnerstag habe ich die erste Nacht habe in der Wohnung verbracht, schon etwas unheimlich, so mit 25 Kisten, keinem Vorhang und Blick auf die Südosttangente. Apropos Ausblick, die Tangente erkennt man nur in der Nacht an den Lichtern, untertags sind dichte Wälder und eine große Wiese davor - dafür kann ich Riesenrad und Stephansdom genießen.

Mo, 17.9. 2001 Habe ich erwähnt, dass am 13. die Küchenplatte kommt? Wohl etwas voreilig. Ich bin um 18h zum Baumarkt, nachdem mir der freundliche Herr am Telefon versichert hatte, dass ein Zuschnitt jederzeit keinerlei Problem darstellen würde. Dort habe ich allerdings nur einen relativ greisen Zuschneider vorgefunden, der alleine bei der Vorstellung, die riesige Platte zuschneiden zu müssen, in tiefe Depressionen verfiel. Außerdem wurde mir wieder einmal meine mangelnde Erfahrung in allen handwerklichen Dingen bewusst: Ich brauche die Platte ja für eine Center Küche und habe daher angenommen, sie ist auf beiden Seiten abgerundet - ist sie aber nicht! Auf der Küchenseite ist daher nun künftig eine harte Kante, nur auf der Esstischseite ist sie abgerundet. Ich muss halt möglichst wenig kochen, um Schnittwunden zu vermeiden.

Zurück zum Baumarkt, nachdem der Zuschnitt mangels Zuschneider ausfiel, fiel auch der Transport aus, und ich machte mich am nächsten Tag nochmals dorthin auf. Immerhin konnte ich den Preis etwas reduzieren (was v.a. deswegen leicht fiel, da mir der Verkäufer beim ersten Mal den Idioten-Zuschlag für Laien verrechnet hatte, auf den ich zu Hause aber dann doch draufgekommen bin - hat etwas mit ganzer Platte, halber Platte und Restschnitt zu tun), dafür habe ich gleich eine Lieferung ins Haus vereinbart (was offensichtlich ziemlich inoffiziell läuft, da ich keine Rechnung dafür bekam und der Zuschneider plötzlich ein Leuchten in den Augen bekam und im Flüsterton weitersprach).

Ein Bekannter hat mir noch einen Kasten aufgestellt (super-styling, Mattspiegel mit Klarspiegellinien, sodass der Raum zwar heller wird, aber keine Feng-Shui mäßigen Drachen durch die Wohnung sausen - aber die würden sich spätestens an der Säule eh den Kopf anschlagen, wenn sie überhaupt heil durch den Regaldschungel kämen), als Gegenleistung habe ich ihm, sowie auch meinen Cousin Pfuscherdienste im EDV Bereich angeboten - mein bescheidener Beitrag zur Steigerung des Bruttosozialproduktes.

Erwähnenswert ist eventuell das insgesamt 17m lange Chromregal, dessen Einzelteile nur mittels Hammer zusammengefügt werden können - und es ist leicht vorstellbar, welch melodiöses Geräusch erklingt, wenn ein Eisenhammer auf einen verchromten Klangkörper trifft. Aber für die Nachbarn war es sicher eine angenehme Abwechslung zu dem ewigen Löcherbohren für Vorhangstangen, Blumen, Lampen, etc...

Vorgestern war ich bei einer Hochzeit eingeladen, wieder hat sich eine meiner Aktmodelle entschlossen, eine Familie zu gründen. Ich wollte ja schon den alten Witz beim Ehemann anbringen ("Haben sie Aktfotos von ihrer Frau?" "Wo denken sie hin, natürlich nicht!!" "Wollen sie welche?"), hab's aber dann doch gelassen, nachdem die Stimmung durch die halbstündige Verspätung des Pfarrers schon etwas gespannt war. Kurz herrschte auch Verwirrung, als sich eine zweite Braut samt Anhang der Kirche näherte, aber nach kurzem Kampf stellte sich heraus, dass das nur die 14h-Partie war, die nach dem großen Fressen wieder abfuhr. (Wir waren die 15h Partie, und die 16h Partie lernten wir nachher noch kennen...).

Sehr originell fand ich die Idee, nicht mit einem Rolls Royce, sondern mit einem Käfer Cabrio vorzufahren, und auch die Sonnenblumen als Blumenschmuck waren ziemlich witzig. Im Publikum konnte ich u.a. den Chef meines Fitnesscenters erkennen - liegt wohl daran, dass der Bräutigam den Großteil seiner Zeit mit dem Fußballtraining von Kindern verbringt, die dann auch fröstelnd im Spielerdress vor der Kirche gestanden sind und haben mit Reis um sich geworfen haben.

Di, 18. 9. 2001 Im Mediamarkt hatte ich gestern einen besonders schlauen Zeitgenossen vor mir, Typ Alternativ mit Strickmütze und so. Er war gerade dabei, 10 Filme in die Entwicklungsbeutel einzuordnen, ich kam gerade dazu, als er die Filme in einer netten 10er Reihe am Pult anordnete. Ich wollte eigentlich nur schnell meine 3 Filme einwerfen, da fragte er mich schon, ob ich eh einen Kuli hätte, weil bei ihm würde es länger dauern. Ich hatte natürlich keinen und wies ihm sanft darauf hin, dass er nicht vollen Namen, Adresse und Datum auf den Beutel schreiben müsste, da er die Filme eh wieder hier abholt und sie nur nach dem Nachnamen sortiert sind, was ihm ein verständnisvolles "aha" hervorlockte. Und dann machte er alle Angaben auf dem zweiten Beutel nochmals. Ich hab zwar kurz überlegt, ob ich ihm die Wollmütze von den Ohren nehmen soll, damit er auch wirklich begriff, was ich ihm sagen wollte, aber ich habe mich dank meiner pazifistischen Einstellung doch auf die Suche nach einem anderen Kuli gemacht, schrieb 3x meinen Familiennamen auf die Beutel und ging friedlich von dannen - und wenn der Kuli nicht ausgeht, steht er noch heute dort und denkt über den 9. Beutel darüber nach, wie er heißt und wo er wohnt.

Mo, 24. 9. 2001 Da der ärgste Umzugsstress nun vorbei ist, bin ich seit einigen Tagen wieder öffentlich unterwegs, da muss ich zwar dreimal umsteigen und brauche 55min statt 45 mit dem Auto, dafür spare ich mir alle möglichen Arten von Stau (Unfall, Überlastung, Neugier, Regen, rote Ampel, Baustelle, Fly-over, Wochenbeginn, Wochentag, Wochenende..). Außerdem ist es aus soziologischer Sicht auch wesentlich spannender, da man den Idioten direkt in die Augen sehen kann und den Charakter stärkt es auch, da man die Verachtung gegenüber zweifelhaften Elementen nicht unmittelbar mit Lichthupe und Handzeichen ausdrücken kann.

Das Wochenende habe ich hauptsächlich damit verbracht, mein Bad durch den Auftrag immer dunklerer Farbschichten für immer zu verschandeln, ich fürchte, nun hilft nur noch ein schwarzer Anstrich oder eine Verfliesung bis zur Decke.

Mi, 26. 9. 2001 Nach meiner gestrigen Enttäuschung keinen Arsch zum Tag zu finden, habe ich heute nur 2 Minuten warten müssen, nachdem ich die Tiefgarage morgens verlassen habe. Ein Drängler blinkt mich auf normaler Straße etliche mal an, und zwängt sich mittels Rechtsüberholen vor der roten Ampel schnell vor mir rein. Der Lohn zeigte sich 1 Minute später, als wir beide im Stau auf der Tangente standen, überflüssig zu sagen, dass er das Reißverschlusssystem ignorierte und sich 3 Autos weiter vorne reinschummelte. Da ich dann aber in der schnelleren Spur war, hab ich ihn aus den Augen verloren.

Ansonsten habe ich die letzten Abende mit Ausmalen verbracht, da ich das Bad zuerst in einer Farbe namens Koralle mit einem Spezialschwamm ausgetupft habe (was auf dem Werbeprospekt wirklich ganz toll ausgesehen hat). Das hat mir allerdings nicht gefallen, und so habe ich nochmals mit "Rubin" nachgetupft. Das war dann ganz furchtbar schiach!! Also habe ich vorgestern nochmals weiß drüber gestrichen und gestern mit einem sanften Gelb mein Werk vollendet und nun schaut es ganz passabel aus. Aber ein Riesenaufwand für nichts...

Di, 2. 10. 2001 Die Wochen der Umsiedelei sind endlich vorbei! Freitags habe ich das Haus, in dem ich 28 Jahre verbracht habe, an die Abbruchfirma (= Wr. Linien) übergeben, und der zuständige Bauleiter war hocherfreut über eine Bauhütte mit funktionierender Küche & Bad. Ein anderer der 4 Mann Truppe war so traurig, dass der Garten zerstört wird, dass er versprochen hat, die Rosen solange es geht zu gießen. Meine neue Wohnung ist mittlerweile durchaus bewohnbar, sogar den Duschvorhang konnte ich gegen den heftigen Widerstand der Rigips-Wand befestigen.

Weniger Glück hatte ich mit dem Ruck-Zuck: Der aus dem alten Haus ist für die vorgesehene Stelle um 5cm zu breit, und ein Versuch einer Befestigung am Balkon scheiterte daran, dass die Wand dort im wesentlichen aus Dämmwolle mit einer dünnen Schicht von irgendwas Bröseligem besteht. Ein neuer Ruck-Zuck wird dagegen reichlich teuer, 450,- für ein paar Staberl - aber mir wird trotz Wäschetrockner wohl nichts anderes übrigbleiben. Apropos Balkon, immerhin ist es mir gelungen, mein Riesenbild mit den 9 riesigen Augen dort zu befestigen, so wissen sich die Friedhofsbewohner wenigstens gut beobachtet und machen zu Halloween hoffentlich keine Probleme *(Nachtrag: Nach nur 2 Monaten hat der Wind das Bild freilich heruntergerissen - oder waren es doch die gestörten Friedhofsbewohner?)*.

An Idioten des Tages sind heute zwei Möchte-gern Yuppies im Bus hinter mir aufgefallen. Der eine macht scheinbar heuer die Matura und will nun etwas mehr arbeiten, damit er "wieda zum supachecka" in der Klasse wird, der andere mit dem obligaten Ziegenbart studiert schon und will dank den Büchern "Lernen lernen" und "Effizientes Zeitmanagement" seinem Motto "alles ist möglich" auf die Sprünge helfen. Ich kann mich zwar zum Glück nicht mehr genau erinnern, aber ich hoffe, ich war mit 18 nicht ganz so merkwürdig.

Und eine Kindergartengruppe hat mich kürzlich an meiner sonstigen Liebe zu den künftigen Pensionszahlern zweifeln lassen, insbesondere der bebrillte Besserwisser mit Schnupfen ("Möchtest ein Taschentuch?" "Ich hab eh eins im Rucksack, aber ich brauch keines, rotz, nies, schnupf") - obwohl laut Aussagen meiner Mutter war ich in dem Alter auch so..

Do, 11.10. 2001 Die Übersiedlung ist vorbei, meine neue Idee, meine Zeit sinnlos zu verplempern war der Ankauf einer digitalen Satellitenkarte für den PC. Aber immerhin kann ich nun auch italienische Sender sehen und hören, was meinen Italienisch Kurs, den ich seit letzter Woche besuche, sicher unterstützen wird. Ich bin, abgesehen von der Vortragenden, im Kurs der Jüngste und der Leichteste. Ach ja, und der Schlechteste bin ich auch noch, vor allem da ich kaum was sprechen kann, überhaupt gegen 21h am Abend. Der Kurs findet in einer Schule statt, inklusive freundlichem Schulwart, haha, und Sessel auf die Tische etc., ich fühle mich gleich 25 Jahre jünger.

Nicht ganz so spannend, dafür lustiger sind die Fehlplanungen in meinem neuen Haus. Der Fahrradabstellraum hat a) kein Fenster b) eine Tür ins Haus und eine ins Freie und c) nur einen Lichtschalter. So kann man zwar theoretisch ins Freie gelangen, wenn man schnell genug ist, nach dem Lichtabdrehen hinauszulaufen, aber praktisch ist man dann meist mit dem Rad in der Tür eingeklemmt, denn d) Der Türschließer ist stark und schnell. Die Türen haben alle miteinander nichts zum Festrasten, was so manchen beim Möbeltransport zum Ausrasten bringt, da d) Der Türschließer... Dafür muss man sowohl zum Betreten der Garage als auch zum allgemeinen Keller den Schlüssel benutzen, was ziemlich sinnlos ist, da man ohne Schlüssel sowieso nicht soweit käme. In mein Kellerabteil komme ich nur über die Tiefgarage, d.h. ich muss drei Schlösser plus mein Kellerschloss (das sind insgesamt vier, als kleine Anmerkung für die Krone Leser) aufsperren, um meinen Werkzeugkoffer zu besuchen. Der Mistraum ist auch vom Hausinneren ebenfalls nur mit Schlüssel zu betreten, verständlich, da ja sonst jeder Zettelverteiler die Werbung gleich ins Altpapier werfen und nicht brav an die Türen klemmen würde. Zu einfach ist das mit dem Mistraum aber auch nicht, denn zuerst kommt man in einen unbeleuchteten Vorraum, und während man mit d) dem Türschließer... kämpft, muss man den Lichtschalter suchen, den Mist irgendwo abstellen, und sich zur nächsten Tür vorkämpfen (diese ist, oh Wunder, unversperrt, aber das kann man erstens sicher noch ändern und zweitens ist auch dort d) Der Türschließer...).

Weitere Feinheiten sind der Aufzug, auf dem an einem Freitag lapidar die Mitteilung angebracht wurde, er wäre nun bis Montag außer Betrieb, was viele, die am Wochenende Möbel und Einkäufe in die neue Wohnung bringen wollten, sicher gefreut hat, die fehlenden Radständer im Radabstellraum, sowie der "Gemeinschaftsraum", der hauptsächlich von riesigen Schachfiguren bewohnt wird.

Nachtrag: es ist zwar toll, bei schönem Wetter öffentlich zu fahren und den leichtbekleideten Frauen in die Augen zu sehen, aber die U6 hatte diese Woche wirklich jeden Tag eine Störung (Triebfahrzeugschaden, Erkrankung eines Fahrgasts, Oberleitungsschaden...), was auch alle weiteren Verbindungen etwas beeinträchtigte. Und im Stau sind zwar auch wahnsinnig viele Idioten zu beobachten, aber die können einem im Normalfall weder anreden noch anspeien. Naja, dafür können sie einen mit ihrer Fahrweise töten, auch nicht gerade eine tolle Aussicht. Ich bin also noch eher unschlüssig, ob ich die Jahreskarte im November verlängern lasse, insbesondere da das Benzin im Gehalt inkludiert ist, die Jahreskarte aber nicht.

Mo, 5. 11. 2001 Nach der unglaublich deprimierenden Nebelwoche Mitte Oktober bin ich nun dank etwas Sonne wieder munterer. Immerhin spornt mich das Wetter an, weiter italienisch zu lernen, um meine Übersiedlung während der Wintermonate (also von September bis Mai) nach Süditalien zu ermöglichen.

Letztes Wochenende habe ich in Ungarn auf einem Reitstall verbracht. Bei der Hinfahrt waren in Wien 6h Grenzwartezeit angesagt, in Schwechat 2h und letztendlich war dann genau 30 Sekunden wirklich zu warten. Erster Höhepunkt des Aufenthalts waren einige Rehe, die in wilder Flucht davonliefen. Zuerst dachten wir, ein großer schwarzer Hund wäre der Grund dafür, der hat sich

aber nach einigen Sekunden als wütendes Wildschein mit riesigen, bluttriefenden Hauern entpuppt. In wilder Flucht konnten wir uns auf einen Hochstand retten, aber das Wildschein ist zum Glück eh Richtung Rehe weitergelaufen.

Das Reiten selbst war großartig, die Donauauen, die Sonne, die weiten Felder, die Traktoren, die mein Pferd ins Maisfeld scheuchten... Auch das Essen war großartig, und nachdem ich ja ein typischer Österreicher bin, habe ich die teuersten Dinge auf der Karte verschlungen, die ich mir zu Hause nie leisten könnte. Aber immerhin war ich weder beim Friseur, noch habe ich mich im Supermarkt mit Mehl und Zucker eingedeckt.

Bei der Rückfahrt waren dann 2 Stunden Grenzwartezeit angesagt, und die war diesmal leider real. Aber mit fröhlichen Gesellschaftsspielen, wie die Ziffern von den Autonummern addieren, waren auch die bald überbrückt.

Im Haus tut sich nichts Neues, pünktlich zum Wochenende fällt erst ein Lift aus und wenige Stunden später der zweite, und dann ist bis Montag morgens Stiegensteigen angesagt. Aber wenigstens funktioniert nun die Satellitenanlage, ich habe nun über 200 Sender, inklusive dem Al Jezara, dem Lieblingssender von Osama Bin Laden. Mein Fernsehkonsum beschränkt sich aber trotzdem auf AllyMcBeal und Harald Schmid, nur den italienischen Videosender habe ich zur passiven Unterstützung meines Italienisch-Kurses öfter im Hintergrund laufen. Der wird zunehmend peinlich, da die anderen immer besser werden, ich aber nach wie vor nichts kann. Dafür nähere ich mich gewichtsmäßig etwas an die Anderen an, da es nun nach der Arbeit zu dunkel und zu kalt zum joggen ist.

Und nun noch etwas Werbung für Internet-shopping: Eine Bekannte bestellte (auf meinen Tipp hin) einen PC, der kam eine Woche später als versprochen, dann musste er abgeholt werden, da die Zusteller zur falschen Zeit da waren, dann war er kaputt und musste retourniert werden, dann kam 3 Wochen nichts, dann kam er wieder, konnte aber wegen falscher Zeitangabe der Zusteller nicht übernommen werden, wurde mangels telefonischer Erreichbarkeit nach Linz zurückgeschickt, blieb dort mehrere Wochen, kam nach mehrfacher Urgenz endlich, war noch immer kaputt, dafür aber mit nicht passenden Seitenteilen und einer Whitney-Houston CD im CD-Laufwerk, wurde wieder retourniert und meldet sich seit einigen Wochen trotz eingeschriebener Briefe gar nicht mehr - für Interessierte also der Tipp: diskontcomputer.com

Meinen Twingo habe ich noch immer nicht verkaufen können, obwohl ich ihn zu Allerheiligen taktisch klug vor dem Friedhof vor meinem Haus hingestellt habe - wahrscheinlich doch die falsche Zielgruppe.

Angesichts der nahen Schneeschauer frage ich mich doch, ob der Winterschlaf nicht eine verpasste Chance der menschlichen Evolution ist. Wir könnten uns den ganzen Sommer fett fressen, würden den Winter in einer warmen Höhle zusammengekuschelt mit all den anderen Fettsäcken verschlafen und im Frühling schlank und ausgeruht wieder ins Leben springen. Nur Weihnachten müsste auf April verlegt werden, aber damit könnte man wohl leben (und die Ostereier auf den Christbaum hängen). Aber ich denke, Tiere, die ein so ausgeglichenes Leben führen, hätten nie den evolutionären Druck, intelligent zu werden und z.B. Feuer zu machen und sich gegenseitig abzuschlachten, daher sind wir was wir sind und frieren und trinken warmen Alkohol zwischen den Zuckerwattesständen.

Mo, 12. 11. 2001 Freitags war ich bei einem ehemaligen Werkstudenten von mir zur Wohnungseinweihungsfeier eingeladen. Etliche Einrichtungsgegenstände glichen denen von mir, und dabei habe ich gedacht ich bin der einzige, der bei Ikea kauft. Der Abend begann ganz gut, eine ehemalige Werkstudentin sah mich und rief gleich aus "was ist da für eine Riesenflasche!!??" Sie hat sich zwar danach auf die 5-Liter Weinflasche ausgeredet, die vor mir auf dem Tisch stand, aber das konnte mich nicht wirklich überzeugen. Immerhin hat sie mich dann zum Essen eingeladen, entweder aus Entschuldigung für die Flasche oder als Dankbarkeit, dass ich so peinliche Fotos von ihrer Hochzeit gemacht habe oder weil sie den Zeiten nachtrauert, als sie noch für mich arbeiten durfte und nicht für den Haufen inkompetenter Dilettanten, die nun meine Nachfolge angetreten haben (oder rede ich wie einer der Pensionisten, die glauben, sie waren in der Firma unabkömmlich und dass nach Ihnen nur noch Verdammnis und Nirvana folgen?).

Austin Powers war auch dort, inklusive Pulli aus den 60ern und Koteletten, er hat die eine Hälfte des Abends die einzige Solo-Frau zugequasselt. Die zweite Hälfte übernahm dann ein ehemaliger Arbeitskollege, dessen Elektoschock-Frisur sehr dekorativ wirkte, und verschwand mit ihr für mehrere Stunden zum Rauchen auf den Gang. Mit der Länge des Abends wurden auch die Gespräche tiefsinniger, bis ich den Fehler beging, einen weiteren ehemaligen Dissertanten auf unsere gemeinsame Dienstreise nach Berlin (ich ging um 22h schlafen und er kam nach einem Barbesuch um 4h morgens heim und fand das WC nicht mehr) sowie auf Bob Dylan anzusprechen. Zum Glück brachen dann mehrere Personen auf und auch ich nutzte die Gelegenheit zur Flucht. Immerhin konnte ich zum Abschied noch kurz mit der vom Gang zurückgekehrten Solo-Frau sprechen ("Tschüß, ich heiße übrigens Erwin", "So heißt mein Vater auch! Wie lustig! Ich heiße Andrea! Du gehst schon? Schade...").

Am Samstag habe ich mir Barhocker und einen riesigen runden roten Teppich besorgt (natürlich auch bei Ikea, falls ihn noch wer kaufen möchte) und den Abend bei einem Fest der Skisektion der Eisenbahner verbracht, da dort eine Freundin beim Herrichten geholfen hat. Die Stimmung war ähnlich ausgelassen wie in den Festen die man in "Am Schauplatz" immer sieht. Drei Frauen waren in Leopardenkleider gehüllt (ich denke, das kann man als guten Indikator für das Niveau einer Party hernehmen) und die meisten Männer hatten Schnurbärte. Das war wirklich merkwürdig, normalerweise tragen so was heutzutage doch nur noch Aristokraten und schwule Masochisten. Zwei Krankl-Doppelgänger waren auch dort, Vater und Sohn, einer hat ausgesehen wie Krankl vor 20 Jahren mit Schnurbart und einer hat ausgesehen wie Krankl heute, wenn er noch einen Schnurbart tragen würde. Höhepunkt des Abends war das minimalistische Oberteil einer 17jährigen Blondine. Eine Bekannte hat gemeint, ich könnte sie ja ansprechen, worauf ich entgegnete, es gibt wohl nichts peinlicheres als einen doppelt so alten Mann, der eine junge Frau anbaggert - aber ein Blick auf die Tanzfläche belehrte uns rasch eines Besseren, denn es gibt was peinlicheres - einen viermal so alten Mann, der eine junge Frau anbaggert.

In den öffentlichen Verkehrsmittel ist mir v.a. die Mode junger Burschen aufgefallen, die Hose bis zu den Knien runterhängen zu habe und darüber ein ultralanges Leiberl zu tragen, so als ob der Träger jederzeit mit einem Skateboard zu einer wichtigen Mission aufbrechen müsste. Aber wahrscheinlich haben sich das die Altvorderen auch früher über mich gedacht, wenn ich in Jeans statt Leinenhose ins Theater gegangen bin.

Apropos Altvordere, den Ausdruck habe ich im Reitstall aufgeschnappt, als eine offensichtlich altvordere Dame gemeint hat "Diese Jungen, lassen die Zügel so hängen - als ob sie das reiten neu erfinden müssten - dabei sollte man doch gerade beim reiten auf die Altvorderen hören!". Die Typen im Reitstall sind sowieso eine Welt für sich, haben alle Pferde von 100.000,- aufwärts und ein Niveau als ob sie Leopardenkleider (die Frauen) und Goldschmuck (die Männer) tragen würden. Aber ich gehe trotzdem gerne hin um eine Bekannte zu besuchen sowie den Reiterinnen beim traben in die Augen zu sehen.

Im Stau auf der Tangente ist mir die Idee gekommen, eine neue Wissenschaft zu begründen, die sich mit den mathematischen und soziologischen Gesetzmäßigkeiten des Staus beschäftigt. Um auf denselben Status wie Jus zu kommen, würden ja schon einige lateinische Vokabel sowie der Verweis auf das römische Reich genügen, aber um als Stau"wissenschaft" zu gelten müssten wohl ähnlich wie in der Geistes- oder Wirtschafts"wissenschaft" Experten herangezogen, Symposien veranstaltet sowie eine Unmenge an anglizistischen Fachvokabel erfunden werden. Ideen dafür habe ich schon, z.B. Depelist - ein Autofahrer, der bei jeder sich bietenden Gelegenheit die Spur wechselt, ohne den Blinker zu betätigen oder das Red-Light-Syndrom - anzutreffen bei Menschen, denen die grellrote Beleuchtung des Milieus ihrer Jugendtage abgeht und die daher die Nebelschlussleuchte ständig leuchten lassen, oder Dilodrimania - ein sich wellenförmig ausbreitender Bremsvorgang, der aufgrund der explorativen Staudynamik immer mehr Fahrzeuge auf immer geringere Geschwindigkeiten bringt. (Die Worte Fahrzeuge, Bremsvorgang und Geschwindigkeit werden auf der nächsten Konferenz natürlich durch ausdruckstärkere Bezeichnungen ersetzt!)

Di, 20. 11. 2001 Neulich im Bus hatte ich die Freude neben einem Kurier Leser zu sitzen, was zwar das Platzangebot etwas einschränkte, dafür aber die Hoffnung auf etwas Gratislesestoff eröffnete. Leider war es um kaum besser als neben den üblichen Krone oder U-Bahn Express Lesern, denn natürlich las er nur den Sportteil und etwas Chronik mit den neuesten Baustelleninfos - natürlich immer noch besser als das ständige Gelabber über den angeblichen Schrottreaktor inklusive den obligaten besorgten Müttern und den Besorgnis heuchelnden F-Politikern.

Apropos: Gestern beim Umzug meiner Schwester lernte ich meinen ersten Sozialschmarotzer kennen. Im Lift erzählte ein Transporteur dem anderen vom letzten halben Jahr, in dem er gemütlich von 12.000,- Notstandhilfe und noch 3.000,- von Tante Frida im Monat leben konnte. "Und Kostn hob i kane ghobt, weu de Frida hat ma eh ollas zohlt - bin i jedn Tog auf zwanzg Bier gaungan!"

Einen sozial höherstehenden, aber keineswegs schlaueren Zeitgenossen habe ich auch wieder kennen gelernt. Er wartete bereits mehrere Minuten vor dem Lift als ich ihn darauf hinwies, dass der Feuerwehraufzug frei sei. "Ich weiß aber nicht, wo der hinfährt!" war sein Kommentar. Darauf ich "Na hinauf!!". "Aber ich weiß nicht ob der im 11. Stock hält". "Na, hier steht Erdgeschoss bis 31. Stock, da ist der 11. glaube ich schon dabei!". "Ich trau dem Feuerwehraufzug nicht!" Darauf ich "..." - ja was soll man da noch sagen, ohne eine Ehrverletzungsklage zu riskieren.

Apropos Klage, wegen eines Wahnsinnsdelikts bekam ich gleich zwei Strafzettel: einen zu 800,- wegen Wenden auf einer Vorrangstraße im Ortsgebiet und einen über 1.000,- wegen Überfahren einer Sperrline bei dieser Gelegenheit. Naja, an einem Samstag um 22h auf einer menschen- und autoleeren Straße war das auch wirklich fahrlässig. Und damit der Spaß weitergeht, habe ich heute auch einen eingeschriebenen Brief von der Versicherung abgeholt: Die Kündigung meiner alten Haushaltsversicherung sei nicht rechtswirksam, da diese nicht vor dem tatsächlichem Umzug eingelangt wäre - jetzt muss ich sie wohl mein Leben lang behalten. Ach ja, und die Vitrinen, die schon der Möbel Ludwig 12 Wochen lang nicht geliefert hat (weil der Verkäufer damals vergessen hat zu bestellen, was aber erst nach oftmaligem Nachfragen herauszufinden war), sind nun auch beim Kika seit 7 Wochen bestellt...

Heute im Firmenaufzug stiegen ein blonder Vertreter Typ Solarium sowie eine offenbar neue Mitarbeiterin ein. Das Gespräch: "Sie werden sich sicher rasch bei uns einarbeiten damit wir eine gute Arbeitsbasis haben" "Mir ist wichtig, dass ich viel Spaß bei der Arbeit habe" "Jaja, das ist wichtig", und dann, mit einem Augenzwinkern zu mir "na jo, zuviel Spass dürfen wir auch nicht haben! hohohoho".

Mo, 3. 12. 2001 Letzte Woche war ich mit den Kollegen vom Italienisch - Kurs (sowie einigen anderen Italienisch Kursen) im Kino und anschließend in der Pizzeria. Die Runde war relativ merkwürdig zusammengesetzt, fast lauter Frauen und fast alle eine Mischung aus "Golden girls" und "Sex in the city". Eigentlich ganz lustig, nur die intensive Nachforschung einer grell geschminkten Großmutter nach einer eventuellen Partnerin von mir, die nach einiger Zeit in der direkten Frage "Und ihre Frau spricht auch Italienisch?" mündete, haben mich leicht irritiert. Der außer mir noch anwesende Mann passte auch zur Runde, er hat mich sehr an Hannibal Lektor erinnert, schon älter und sehr gebildet und kultiviert und leicht schräg.

Am nächsten Tag in der Arbeit war dagegen eine reine Männerrunde beisammen, einige Kollegen mit einigen Kunden. Das Hauptgesprächsthema beim Lunch waren die Geschwindigkeitsrekorde auf österreichischen Autobahnen sowie in tschechischen Dörfern im Ortsgebiet (196km/h bzw. 130 km/h). Irgendwie schon verblüffend, dass mehr oder weniger intelligente Männer den Hauptzweck ihres Daseins darin sehen, mit Radarfallen und motorisierten Gendarmen fangen zu spielen. Aber wahrscheinlich bin ich nur neidig, schließlich konnte ich mit meiner Geschwindigkeitsübertretung in Holland (85 statt 80) nicht wirklich mithalten, was mir fast den Anschein automobiler Impotenz gibt. Lustig war freilich als einer meiner Kollegen erzählt hat, dass er von derselben Zivilstreife zweimal hintereinander aufgehalten wurde. "Was, an einem Tag?", so ein ungläubiger Kunde. "Na, da worn scho 2 Wochen dazwischn, so deppad bin i a ned".

Angesichts der Temperaturen fahre ich nun umweltfeindlich mit dem Auto ins Büro, aber auf meine Abgase wird's ja bei dem Smog nicht mehr ankommen. Heute war ich aber wieder öffentlich unterwegs, und dabei sieht man die merkwürdigen Typen ja doch näher, wie z.B. den ziemlichen dicken Mann im Nick Knatterton Mantel, der im Bus gegenüber von mir fast geschlafen hat und dabei ab und zu die Augen gerollt hat, dass nur noch das Weiße zu sehen war - ziemlich unheimlich im Morgengrauen (im Dezember ist wirklich klar, woher der Ausdruck Morgengrauen kommt).

Fr, 7. 12. 2001 Den gestrigen Nikolo durfte ich im Kreise meiner ehemaligen Arbeitskollegen verbringen, mein Exex-Chef machte seine obligate Weihnachtsfeier in seiner heimeligen Wohnung. Inmitten von 1200 afrikanischen Götzen und heidnischen Masken feierten wir unser christliches Vorweihnachtsfest. Obligat war auch das geschmackvolle Geschenk, diesmal ein singender Elch, der sein Geweih neckisch dazu bewegte sowie ein singender texanischer lassowerfender Zwergweihnachtsmann.

Mein Ex-Chef hat erzählt, er hätte zu Hause 3 Frauen und braucht trotzdem eine Putzfrau, was eine ehemalige Kollegin etwas erschüttert hat (das "trotzdem" nämlich). Ihre Kommentare wurden im späteren Abend sehr philosophisch und gingen um essentielle Dinge der Existenz, z.B. wie Frauen im stehen pinkeln und dadurch die Toiletten weltweit verunreinigen. Rührend war auch ihre Zuneigung zum Stoffelch, den sie in pseudosäugender Haltung an sich drückte, was auf baldigen Nachwuchs und ein weiteres Dasein als Hausfrau und Mutter hindeutet.

Vom Hausherrn selbst ist eine Beschreibung in Worten ist kaum möglich, trotzdem ein bescheidener Versuch: 2m groß, langes grau-wallendes Haar, orange Weste, diesmal leider keine goldglänzende Metallkrawatte, zusammen mit den afrikanischen Figuren insgesamt eine Erscheinung, die eher auf ein Überbleibsel der 68er Bewegung als auf einen aristokratischen Beauftragten der Chemiewaffenkommission sowie glühenden Verfechter von Atomkraftwerken hindeutet.

THERME STEGERSBACH

Mo, 10. 12. 2001 Am Freitag bin ich Richtung Therme aufgebrochen, und zwar nach Stegersbach. Eigentlich sollten einige Freunde mit mir mitfahren (wofür habe ich denn das teure Dienstauto, wenn nicht zum protzen vor mittellosen Juristen), aber die zogen es vor, am Freitag bis 19h zu arbeiten (typisch Beamte, Überstunden schinden, wo es nur geht). Ich als braver Privatwirtschaftler bin dagegen um 15h aufgebrochen und lag um 17h schon im warmen Wasser.

Zum Abendessen haben wir uns dann doch getroffen, ein Juristenpärchen, ein Richter und ich. Die Gesprächsthemen waren dementsprechend nervenzerfetzend, bis ich mich endlich als Temelinbefürworter outete und endlich etwas Schwung in den Abend bringen konnte.

Den nächsten sonnigen Tag habe ich dann größtenteils verschlafen und bin erst um 16h wieder in die Therme, wo inzwischen noch ein befreundetes Pärchen auf uns wartete. Bemerkenswert in der Therme waren die Musikgestaltung (Weihnachtslieder in der Biosauna, was mich in einem unguten Deja vu an das Pool in Florida vor genau einem Jahr erinnert hat, sowie die amerikanische Hitparade des Jahres 1982 am WC). Sehr nett war auch die Wasserrutsche, bei der sich der Jurist und der Richter so nahe kamen, dass der Jurist danach kaum noch laufen konnte...

Nach dem Abendmahl, bei dem außer uns im Lokal nur Kinder (also Menschen ca. halb so alt wie wir selbst) anwesend waren, gingen wir noch in die benachbarte Disco, natürlich in der Hoffnung Seniorenermäßigung zu bekommen. Dem war freilich nicht so, dafür entpuppten sich die weiblichen Kinder, nachdem sie ihre Oberbekleidung beim Tanzen teilweise abgelegt hatten, als interessante junge Frauen. Nach einer halben Stunde ohne Peinlichkeit wagten wir uns dann auch auf die Tanzfläche, wobei uns die Nebelmaschine sehr gelegen kam - aber immerhin bin ich ja Wicky-Slime&Paiper Clubbing geübt...

Den nächsten Tag widmete ich nach einem sonnigen Morgenspaziergang zum Bankomat ganz der Erholung. Immerhin bekam ich diesmal eine ermäßigte Eintrittskarte, nachdem ich im Ort gewohnt hatte ("hobns an Gästeausweis?" "Nein, leider nicht, den hab ich noch nicht bekommen..." "Na dann net, oder?" Aber zum Glück sprang die Chefin ein "Na, ausnahmsweise"). Später kam die Langschläfertruppe nach, außer der Juristin und dem Richter, die wieder Überstunden rausschlugen und am Sonntag irgendwas arbeiteten (wahrscheinlich an einem Konzept, wie man als Beamter den fleißigen Privatwirtschaftlern noch mehr Geld aussaugen könnte). Mehr weiß ich nicht, ich hab die meiste Zeit geschlafen.

Besuch in Mailand

Mailand in Weihnachtsstimmung

So, 20.12. 2001 Meinen Beschluss mit der Crossair nach Mailand zu fliegen (statt eine gemütliche Bahnfahrt anzutreten) hatte ich ja spätestens nach den 900,- Extra-Flughafengebühren bereut, und der Absturz einer Crossair-Maschine vor 3 Wochen hat mich auch nicht wirklich von meiner Entscheidung überzeugt. Aber gebucht ist gebucht, uns so hat mich mein Vater letzten Freitag um 6h morgens fröhlich beim Flughafen abgesetzt. Beim Warten auf die Abfertigung bekam ich noch mit, wie die Stewardess zum Bodenpersonal meinte, der Captain hätte vor dem Abflug noch gerne die Landkarte.....

Zu meinem Entsetzen fuhr der Flughafenbus zu einer winzigen Propellermaschine, mit 15 Reihen und nur 3 Sitzen pro Reihe. Aber das Do&Co Frühstück versöhnt mich etwas und wohlgelaunt kam ich in Basel an. Dort erwartete mich freilich nicht ein großer Düsenjet sondern eine, ich konnte es kaum für möglich halten, noch kleinere Propellermaschine (12 Reihen). Aber ich war froh, die Schweiz wieder verlassen zu können und freute mich schon auf den Flug über die Alpen. Die kamen allerdings reichlich spät, ich wusste gar nicht, dass es soviel Flachland in der

Schweiz gibt. Als wir die Berge dann aber erreicht hatten, bot sich schon ein sehr tolles Panorama. Was mich etwas irritierte war, dass der Pilot kurz nach den Alpen schon zur Landung ansetzte, und was mich noch mehr irritierte, war die weiß verschneite Landschaft. Ich dachte schon, ich bin im Flieger nach Genf gelandet, aber es war wirklich Mailand! Der erste Schnee seit Jahren, mein Gott hatte ich ein Glück...

Gelandet sind wir freilich nicht in Mailand, sondern in Malpensa, dem neuen Flughafen 50km außerhalb der Stadt. Zum Glück ging ein teurer Schnellzug direkt in die Stadt, leider schneebedingt nur jede Stunde (aber ich hatte abermals Glück und musste nur 50min warten). Schließlich kam ich relativ wohlbehalten (allerdings etwas unsicher, da Streufahrzeuge oder Winterreifen in Mailand unbekannt sind) bei meinen Gastgebern an.

Während Gianna in ihren Nachmittagskurs ging, besichtigte ich den Dom samt den zugehörigen verschneiten Straßen. Irgendwie hatte ich mir schon vorgestellt, ich werde gemütlich auf einer Cafeterrasse sitzen und die südliche Stimmung genießen, aber so war eigentlich kein großer Unterschied zu Wien im Dezember feststellbar (außer den nicht gestreuten Wegen und den klobigen schwarzen Michelin-Männchen-Mänteln, den die sonst so modebewussten Mailänderinnen trugen). Zum Aufwärmen setzte ich mich in ein Lokal in den Galerien (ok, es war ein McDonalds), und schlief bei einem Cappuccino auch gleich ein. Als ich nach einigen Minuten wieder erwachte, saß mir gegenüber ein Penner und schaute mich ziemlich mitleidig an, gerade, dass er mir nicht seinen Hamburger anbot. So gestärkt wagte ich mich auf die nächste Tour und verbrachte viel Zeit in einem Buchgeschäft, wo ich einen italienischen Snoopy, einen Calvin&Hobbes, einen Asterix sowie eine DVD (Shrek) erstand womit meine kulturelle Weiterbildung gesichert ist.

Den Abend verbrachten Gianna, die Take-away-Pizza und ich vor dem Fernseher, in dem eine der berüchtigten Shows lief, bei denen unvermittelt tiefdekoltierte Frauen auftauchten und herumtanzten. Da ich so was nicht sehen wollte, schalteten wir auf einen Western mit Brigitte Bardot und Claudia Cardinale, für einen Film aus den 50ern ziemlich pornographisch, da man sowohl nackte Brüste als auch Pos sah. Nach einer sinnlosen Diskussion, warum ich Claudia Cardinale hübscher als Brigitte Bardot finde (der ewige Nord/Süd-Geschmacks-Konflikt mit Gianna) kam gegen Mitternacht endlich Gustl von der Arbeit und begrüßte mich natürlich überschwänglich ("Wia lang bleibst diesmal? Eh nur 2 Tag, oder?")

Am Samstag wurde ich von meinen Gastgebern kaum aus den Augen gelassen. Gianna verbrachte den Vormittag mit mir und wir besuchten zuerst das Goethe-Institut, um für Gustls Lehrtätigkeit als Deutsch-Konversationslehrer Material zu suchen. Die vielen deutschsprachigen Zettel am Aushang machten mir bewusst, dass ich bei einem Umzug nicht der einzige aus dem Norden in dieser Stadt wäre, was mich angesichts der tiefen Temperaturen aber auch nicht zu einem sofortigen Wohnortswechsel bewog. Später wurde mir klar, dass in Mailand überhaupt kaum Mailänder lebten, sondern vor allem Süditaliener oder Deutsche...

Danach ging es in ein lokales Spezialitätenlokal, eine winzige Bude, in der man frittierte Mini-Calzone-Pizze mit verschiedenstem Inhalt erstehen konnte, sehr wohlschmeckend und ideal für meine Vorweihnachts-Diät. Falls ich je den Granite-Stand in Wien eröffne, werde ich wohl diese Spezial-Paninis dazu anbieten...

Gianna hatte dann das große Glück mit mir eine Jacke suchen zu gehen, und ich hatte das große Glück, mit ihr duzende Juweliere auf der Suche nach einem weißgoldenen Anhänger mit rubinrotem Herz für ihre Mutter abzuklappern. Leider  wurde nur ich fündig, und die Geschichte des Jackenkaufes war sicher unglaublich lustig, da Gianna und die Verkäuferin die ganze Zeit gelacht haben, aber ich hab mangels Sprachkenntnis nur sehr wenig davon verstanden. Es begann ca. so, dass die Verkäuferin ganz entsetzt war von meinem kofferbedingt etwas zerknitterten Hemd, worauf Gianna meinte, ich bin Österreicher. Das freute die Verkäuferin sehr, da sie lieber Ausländer berät, da bei denen ein wesentlich größeres Verbesserungspotential gegeben ist, als bei den sowieso schon eleganten Italienern. Nachdem sie dann auf italienisch auf mich einredete, kaufte ich schließlich eine ziemlich teure Jacke sowie zwei bügelfreie Hemden, und die Verkäuferin verabschiedete sich überschwänglich und meinte, ich solle bald wiederkommen, so einen guten Kunden hatte sie schon lange nicht mehr.

Wir feierten den Kauf zusammen mit einer Nachbarin von Gianna in einem Cafe, aus dem man uns nach einigen Minuten hinauswarf, da wir nur Kaffee tranken und nichts aßen - soweit zur italienischen Gemütlichkeit. Die Nachbarin war ganz lustig, sie erzählte, dass sie ständig soviel einkaufen müsse, bis ihre Kreditkarte gesperrt wurde, und sie weitere Einkäufe nur noch durch Direktabhebung vom Konto durchführen konnte. Um das zu verhindern, schleppte Gianna sie zum Friseur und stellte mich vor die Wahl, entweder auch zum Friseur zu gehen (irgendwie hatte ich den Eindruck, sie wollte mir das nahe legen), oder auf Gustl zu warten. Da ich aber nicht sicher war, ob ich gegenüber einem italienischen Friseur meine Wünsche ausreichend klar artikulieren könnte, beschloss ich mich mit Gustl zu treffen. Der kam gerade von dem Konversationskurs, zu dem ich um 7h morgens auch hätte mitgehen können, (aber da hat er nichts von den 19jährigen Italienerinnen erzählt, die hauptsächlich in der Klasse saßen, und so war ich um diese Uhrzeit nicht wirklich motiviert).

Nach Burgbesichtigung bestand der Nachmittag im wesentlichen aus warten, zuerst auf Gianna und die Nachbarin Angela (sowie deren neue Einkäufe), dann auf ihre Schwester Lucia. Nachdem ich diese zuletzt in Kalabrien im Bikini gesehen hatte, erkannte ich sie im obligaten Michelin-Männchen-Mantel und der russischen Pelzmütze kaum, aber schon bald verstanden wir uns wie früher ("What do you mean? I cannot speak English? I never ever speak Italian with you! In fact, I will never ever speak with you!! When will you return to Vienna???"...).

Der gemeinsame Supermarkteinkauf verlief erwartet hektisch, ich erstand einen Haufen Mailänder Kuchen als Weihnachtsmitbringsel, und die anderen vier einige Einkaufswagerl voll normaler Lebensmittel, sodass Gustls Auto mehr als voll beladen war.

Den Samstagabend verbrachten wir, so wie in aller Welt üblich, in der Gesellschaft von Freunden, in unseren Fall fuhren wir 10min durch die Stadt, suchten dann 30min einen Parkplatz und gingen 20min in der Kälte auf Lokalsuche in Mailand. Wir, das waren 3 Neapolitaner, 2 Kalabrie-

rinnen, 1 Sardinierin, 1 Deutsche und 2 Österreicher. Schließlich fanden wir ein Lokal und die Italienischstämmigen diskutierten bei minus 3 Grad 30min lang, ob wir reingehen sollten oder nicht, während wir Nordländer verzweifelt zitterten. Schließlich betraten wir doch das Lokal, und es war nicht geheizt! Dafür sang ein mäßig begabter Musiker italienische Schlager, bei denen ich teilweise sogar in der Lage gewesen wäre mitzusingen, wenn es mir nicht verboten worden wäre. Die Tischgespräche waren ganz lustig, sie wurden auf italienisch, englisch und deutsch und wienerisch geführt und handelten von den großen Themen des Lebens, z.B. dem Kältetot in Mailänder Lokalen. Gut erhalten brachen wir gegen 1h schließlich Richtung geheizter Wohnung auf.

Der Sonntag begann eher gemächlich, während des Frühstücks diskutierten Gianna und ich über die ideale Altersdifferenz zwischen Mann und Frau, und wir kamen nach längerem Hin- und her zu dem Ergebnis, dass je älter man wird, desto unbedeutender werden Altersunterschiede, was wir als einzigen positiven Aspekt des Älterwerdens registrierten. Schließlich wachte gegen Mittag auch Gustl auf und zusammen suchten wir im Internet nach "Stille Nacht" als Übung für seine Klasse. Danach machte er wieder Mittagessen, und so bin ich zwei Tage hintereinander in den Genuss eines ****-Kochs Essen gekommen (Spaghetti mit Meeresfrüchten). Zum Abschied gingen wir noch in ein italienisches Cafe und schon war der Urlaub wieder aus.

Na, nicht ganz. Um 15.30 verließ ich mit 2 Koffern voller Weihnachtskuchen die Wohnung und um 15.40 stellte ich mich am Automaten für die U-Bahn-Tickets an. Leider wollten das 20 andere auch noch, und leider waren dabei einige Nichtelektronikfachleute auch dabei, denen die 8 verschieden bunten Tasten sichtlich Schwierigkeiten bereiteten. Auch die Nichtannahme gewisser 500 Lire Stücke durch den Automat sowie die Weigerung der meisten Paare, gleich 2 Tickets auf einmal zu nehmen (3x 1000Lire Schein, statt jedes Mal Fehlversuche mit den Münzen) trugen zur beschleunigten Abfertigung bei. Nach 15 Minuten hatte ich endlich meinen Fahrschein, und den brauchte ich auch, denn Schwarzfahren war wegen eines Kontrollors beim Eingang nicht möglich. Der war sicher froh darüber nur im warmen Häuschen zu sitzen, anstatt manuell Tickets zu verkaufen. Immerhin wusste ich, dass ich trotz der eisigen Temperaturen im Süden war...

Die weitere Reise bis Basel verlief fast problemlos, nur die Landung war etwas unruhig. Lustig war auch der Japaner neben mir, der den Japaner vor mir zusätzlich zum Ruckeln des Flugzeuges noch mit gezielten Stößen gegen dessen Sessel in humorvolle Stimmung brachte. Außerdem hat er gleich 10 von den Schokotalern, die von der Crossair ausgeteilt wurde, genommen, wohl in der Hoffnung, am Flughafen damit zahlen zu können, was angesichts der Europa-Skepsis dieses Bergvolkes nicht mal so abwegig scheint.

Kurz vor dem planmäßigen Abflug nach Wien kam dann die Nachricht, dass wegen eines technischen Defekts auf eine Ersatzmaschine gewartet würde und mit mindestens 2h Verspätung zu rechnen sei. Dafür wurde uns eine Erfrischung an der Bar zugesichert, was alle Passagiere wie die Irren Richtung Bar trieb, als ob es auf die 2 Minuten ankäme. Ich hätte mich doch nicht in die erste Reihe drängen sollen, denn der Tee war relativ kühl, scheinbar brauchen Schweizer Wasserkocher etwas länger.

Schließlich fand der Rückflug statt, und wie durch ein Wunder saß ich nicht zwischen den grölenden Schweizer Prolos, sondern gemütlich und ruhig im hinteren Flugzeugteil, sodass ich beim Do&Co Menü den Urlaub gemütlich ausklingen lassen konnte.

WIENER GESCHICHTEN V

Donauzentrum im Ausverkaufstrubel, Wien

Do, 24. 1. 2002 Weihnachten habe ich im Kreise der Familie, Silvester im Kreise dreier frustrierter Frauen verbracht ("nein, nein, neeeeiiiiin!!! Ich bin nicht frustriert!!! Überhaupt nichtttt !!!") und so die Feiertage überstanden. Dafür habe ich im Januar gleich ein Megaevent durchgeführt und zwar die Wohnungseinweihungsparty für meine früheren Kollegen. Ich habe sehr viele eingeladen und wider Erwarten sind trotz der Ankündigung von Wasser & Brot auch sehr viele gekommen. Die Highlights habe ich inzwischen alle vergessen, aber einige Peinlichkeiten sind mir noch in Erinnerung:

80% der Besucher verirrten sich, obwohl ich in der Einladung sowohl eine exakte Straßenkarte als auch eine genaue Beschreibung der öffentlichen Verkehrsmittel mitgeschickt habe (Gründe dafür waren, dass diese Dinge nicht gelesen wurden, oder vergessen wurden, oder nur zu einem Viertel ausgedruckt wurden, oder einfach Orientierungslosigkeit, was in der heutigen religionslosen Gesellschaft ja nicht weiter verwunderlich ist).

90% der Besucher schafften es nicht, die Eingangstür vom Haus zu öffnen, sodass ich immer den letzten Gast runterschicken musste um die nächsten reinzulassen. (der Grund dafür ist ganz einfach: in meinem Haus funktioniert u.a. auch der Türöffner mangelhaft, sodass ein Fitnesscentertraining vor dem Betreten anzuraten ist).

100% der Besucher verweigerten die Billigwurst vom Billa sondern stürzten sich auf die von meiner Mutter dankenswerterweise feinst zubereiteten Lachs- & Schinken- & Käseteller, sodass ich mir entweder ein Raubtier kaufen oder die Wurst selbst essen muss.

Die Geschenke waren mir entsprechend, also mehr oder weniger geschmacklos. U.a. bekam ich eine Lampe, in der buntes Wachs in blauer Flüssigkeit lustig vor sich hinblubbert, etwas von dem mich meine Exfreundin schon immer als Gipfel des Kitsches gewarnt hat. Aber sie passt gut zu meinen drei Glasfaserwedeln und meinem Leuchtnilpferd. Für das Whirlpool bekam ich ein aufblasbares Kissen mit bunten Federn drinnen (zum Glück wenigstens in grün und nicht in rosa). Außerdem wurde ich mit einem Muskelelch/hund, einer Quietschente, einer künstlichen Blumendekoration mit wirklich schöner Vase, einem italienischen Kuchen (von dem ich kürzlich erst 6 Stück nach Österreich geschmuggelt habe) und dem Buch die "48 Gesetze der Macht" beschenkt, letzteres von Werner, der mich seit 5 Jahren nicht gesehen hat und scheinbar noch immer glaubt, dass ich Karriere, Ruhm und Ansehen brauche...

Am lautesten war außer mir wieder mal die bereits früher erwähnte Kollegin, welche die Runde unter anderem mit ihrer Erzählung von ihrem 1m langem Nasen-Tampon erheitert hat. Lustig war auch die Geschichte, als sie als Kind einen Zahn über Nacht in Cola gelegt hat und am nächsten Tag war er weg. Scheinbar haben sich die Eltern einen lustigen Scherz erlaubt, um dem Kind den Genuss von Cola zu verderben. Nur mein Versuch sie zu hypnotisieren, wie ich es im Internet (How To Get The Women You Desire Into Bed - A Down And Dirty Guide To Dating And Seduction) gelesen habe ist erwartungsgemäß fehlgeschlagen - wahrscheinlich fehlt mir doch etwas von der coolen Autorität eines Berufsbetrügers.

Nach der Torte ist die Hälfte der Gäste aufgebrochen, was mir natürlich den Stellenwert von meiner Person wieder drastisch vor Augen geführt hat. Aber immerhin waren dann nur noch die jungen (so in meinem Alter ;-) da. Gegen 1/2 12 haben Werner und ich die verbliebenen noch zur U-Bahn geführt, und insbesondere in meinem Auto kam noch famose Stimmung auf, als ich die

 norwegische Version der Rocky Horror Picture Show gespielt habe. Frohgemut entlud ich dann alle bei der U1, worauf sich alle in Richtung Station bewegten, nur ein frisch getrautes Pärchen ging frohgemut in ein Hochhaus zum Büro des männlichen Pärchenteils, "um noch was zu holen"...

Bei einigen Veranstaltungen, die ich in den letzten Monaten besucht habe, sind mir manch markante Persönlichkeiten aufgefallen, z.B. zwei ältere Verkäufer, die, um ihren Lebensstandard auch im Alter aufrecht zu erhalten, auch mit 58 noch Türklinken putzen müssen, ein Russe, der sich freute, mal was anständiges zu essen zu bekommen, zwei Typen aus der Bullyparade (Typ Riesenbrille und Koteletten), ein Extrembergsteiger, der sehnsuchtsvoll während eines Vortrags die Berge anstarrte, ein irrer Bayer (der so ähnlich aussah wie der Irre aus der Serie "Seinfeld") mit seiner blonden Kurtisane, eine dominahafte Blondine mit zwei Sklaven, ein erfolgloser Künstler, der sich als Systemmanager verdingen muss, ein sehr kleiner Geschäftsführer, ein weiterer Bergsteiger, der eigentlich Pfarrer werden wollte und sich darum auch nun so kleidete, etc...

Mo, 11.2. 2002 Draußen hat es Frühlingstemperaturen von 15 Grad und ich bin im Krankenstand, um meinen Schnupfen auszukurieren. Der Master of Business Administration Kurs letzte Woche hat mir also nicht nur viel Geld gekostet, sondern auch etwas gebracht, nämlich Grippeviren. Dabei begann es mit einem einzigen Kollegen, der Mitte der Woche öfters zum Taschentuch griff, aber bis zum Ende der Woche waren schon ziemlich viele Teilnehmer etwas lädiert. Ich merkte es zum Glück erst auf der Heimfahrt von der letzten Lektion und konnte mich direkt in einen Genesungsschlaf begeben.

Um die öS 23.000,- Kurskosten wieder einzusparen, bin ich täglich mit dem Dienstauto gependelt, das hatte auch den weiteren Vorteil, dass ich von Krems nicht mehr als die sogenannte Universität sehen musste, die in einer ehemaligen Tabakfabrik untergebracht ist. Außerdem konnte ich so nette Verhaltensstudien von anderen Autofahrern machen, z.B. liebe ich nun Lastwagen, die Pestbeulen der Landstrasse, und natürlich auch die Autofahrer, die bei leichter Bewölkung ihre 1000Watt Nebelschlussleuchte einschalten damit sie sich ganz sicher fühlen.

Die MBA Gruppe selbst war recht unterschiedlich zusammengesetzt, die eine Hälfte Yuppies, die andere Hälfte Grazer und den Rest bildeten Grazer Yuppies. Als erstes wurde natürlich die Uni / Tabakfabrik besichtigt, wobei betont wurde, dass auch die Bibliothekarin einen "Master" degree in Krems bekommen hatte, was einen der niveauvolleren Grazer zum Ausruf "Und nun sans Hausmasta" verleitete.

Der erste Vortragende, ein früherer Vorstand eines multinationalen Konzerns und nunmehr freiberuflicher Professors (bei solchen Personen drängt sich bei mir immer der Verdacht auf, ihnen wurde nahegelegt, die Firma wegen anhaltenden Misserfolgs zu verlassen) erzählte von den Segnungen der Handy-Technologie und dass man nun endlich beim Cola-Automat und beim Kurzparken mit Handy bezahlen könnte. Auf meinen leisen Einwurf dass die FPÖ Kärnten dann nicht nur wisse, wann und was ich mit wem telefoniere, sondern auch was ich trinke und wo ich parke, wurde nicht wirklich eingegangen. Den weiteren Vortrag hab ich dann nicht so recht verfolgt, da ich die ganze Zeit überlegen musste, wie man ein derartig schlecht gemachtes Kunsthaar tragen konnte...

Die Vorlesung am nächsten Tag wurde von einem Vorarlberger geleitet, der kein Architekt war und trotzdem komplett schwarz (Schuhe, Hosen, Pulli, Brille, Uhr, Haare) gekleidet war. An den Inhalt kann ich mich nicht mehr erinnern, in meiner Mitschrift steht das Wort "interessant" unter Anführungszeichen, was auch immer ich mir damit merken wollte... Erstmals aufgefallen ist mir dabei ein Typ der Herrmann Maier wie aus dem Gesicht geschnitten war, was mich zunächst an einen genetischen Fehlgriff der Natur denken ließ, da sie dieses Äußere zu einem Menschen gegeben hat, der zumindest ein BOKU Studium geschafft hat, was ich mir ja doch um einiges anspruchsvoller vorstelle als Jus oder so.

Im Laufe der Zeit stellte sich freilich heraus, dass das kein Fehlgriff der Natur war, sondern sein Geist haargenau seinem Äußeren entsprach (seine Hauptbeschäftigung in dieser Woche: gähnen, schlafen, tratschen, kichern, danach sinnlose Fragen stellen, dann weiterschlafen...). Allerdings hat er das nicht wirklich überrissen, sondern dachte, er ist wirklich gut. Zum stocklangweiligen Vorarlberger Vortrag bemerkte er: "Des vasteh i wenigstns, gestan in Mikroökonimie worn jo nua Formln de kana kapiert hot". Außerdem hat er seinen ansonsten schüchternen Nachbarn Gellocke (in der Baubranche tätig...) durch seine schwachsinnigen Fragen dazu verleitet, auch schwachsinnige Fragen zu stellen, wohl in der durchaus richtigen Annahme, nicht noch peinlicher als Herrmann wirken zu können.

Bei einem Abendvortrag von einem 2m großen Bill Gates Verschnitt, der die Augen dauernd in einem fast geschlossenen Zustand hielt und die Arme napoleonmäßig in den Anzug steckte, bemerkte einer der steirischen Kollegen von eher ländlicher Herkunft zum Thema e-business: "Na, do brauch i nimma einkaufen geh, dafüa muass i herumsitzn und woatn, bis da Billa liefat"

Weitere Höhepunkte der Woche: "Das Internet ist ein Netz" oder "Der Kühlschrank merkt wenn die Milch schlecht ist, bestellt neue, lässt sie liefern und trinkt sie dann selbst", ein Kollege vertreibt sich die Zeit durch das durchschießen des Kulis durch die Ringe der Ringmappe (ca. 100mal/Stunde) sowie die Idee, einen Business-Plan für einen Schwerkraft-Liegestuhl für künftige Allreisen zu entwicklen, die zu meinem Bedauern nicht angenommen wurde.

Nun, die Woche ist um, und nach einer 30seitigen Hausarbeit sowie 10 Wochen (!) Zeit zum Bewerten durch die Vortragenden werde ich mich mit dem international so angesehenen Titel schmücken dürfen und weiß nun voll Stolz, dass alle MBA Absolventen von brillantem Geist und Niveau sind und freue mich, künftig zu dieser exklusiven Bevölkerungsgruppe zu gehören

Die derzeit unangenehmsten Menschen im Radio sind wohl die Sportreporter Edi & Adi. Nachdem es Michaela Dorfmeister gewagt hatte, nur Neunte zu werden, rief der eine gleich aus "Welch eine Enttäuschung für Österreich" - er hatte wohl schon die Todesstrafe durch Steinigung im Sinn. Und der andere Schlaumeier meinte: "Da greift sie sich auf den Kopf! Zu Recht!". Das mache ich nun auch angesichts derartiger Aussagen und gehe ins Bett.

Do, 28.2. 2002 Die Ereignisse überstürzen sich, ich habe nach 9 Monaten in der neuen Firma endlich einen Auftrag. Und wo? Paris? Mailand? St. Pölten? Nein, in Einöd im Triesten Tal, ca. 20 Einwohner. Die letzte Zeit war ich fast ausschließlich dort und schlichte mehr oder weniger einen Streit, hat wenig mit Consulting und viel mit Feinfühligkeit zu tun, wofür ich ja bekannt bin. Ansonsten ist es dort so, wie man sich das Land so vorstellt, bäuerliches Urgestein. Einmal war ich immerhin spazieren, bergauf über eine asphaltierte Straße, bergab über einen Schlammhang durch den Wald, was die Sauberkeit meiner Schuhe ein wenig beeinflusste und insbesondere am nächsten Tag zu peinlichen Erdspuren unter meinem Sessel führte.

Eine Woche vorher waren meine Freunde aus Italien hier, denn Gustl veranstaltete in seinem Heimatdorf die Party zu seinem 30. Geburtstag. Vernünftigerweise bekam er vor allem Geld, in verschieden lustiger Weise verpackt (Ballon, Bild,...). Das Essen war ausgezeichnet, die Musik zweifelhaft, da wir zu fortgeschrittener Stunde zu Gitarrenmusik Fendrich & Co sangen. Am Tag davor war ich mit den Italienern (Gianna, Francesco & Roswitha, seine neue Freundin, sowie einem Pärchen, das sie im Zug kennen gelernt hatten) im 12-Apostelkeller in der Stadt, sehr wienerisch das Ambiente, sehr südländisch (laut, hektisch) die Konversation, eine sehr originelle Atmosphäre.

Und nun etwas wirklich Erstaunliches: Dieses italienische Pärchen traf ich am nächsten Tag an einem abgelegenen Eck des Donauparks (ich kam vom Fitnesscenter, sie vom Turm). Ich treffe fast nie wem, aber wenn, dann gleich sehr sehr unwahrscheinlich. (So wie vor Jahren eine Jugendfreundin zu Silvester in Rom). Ich war so verblüfft, dass ich sie gleich zu den Gasometern geführt

habe, scheinbar sind die bereits eine Attraktivität für unsere Gäste geworden. Und was mich noch verblüfft hat ist, dass viele Italiener/Innen am Valentinstag nach Wien fahren, angeblich ist für sie Wien genauso romantisch wie für uns Paris???

Am Tag nach der Party waren wir abends auf einer kurzen Stadtrundfahrt (ich musste ja mit meinem Dienstauto ein wenig protzen)

und dann im Landtmann, wo wir einen typischen Kaffeehausober begegneten, unsympathisch, präpotent, unfreundlich und ahnungslos. Aber ansonsten konnte ich das Flair von Wien ganz gut vermitteln.

Do, 19.3. 2002 Es scheint vorbei mit meinem ersten Projekt, ich konnte den Streit in geordnete Bahnen lenken (statt den Mitarbeitern bekriegen sich nun die Direktoren), jegliche Schuld an der Misere von der eingesetzten Software ablenken und damit meinen Job sichern. Nun wartet mein nächster Einsatz auf mich, ein Vortrag in Tallin, nicht zum Song Contest, sondern zu Supply Chain, aber dafür mit meinem Lieblingskollegen. Der hat sich schon in seiner typisch Tiroler Art zu der Reise geäußert: "De Estn hau ma in de Goschn, ha?". Meine Frage, ob ich auch allein fahren könne, wurde leider verneint, sodass ich mich auf eine nette Reise gefasst machen kann. Mehr demnächst...

Das Teamtraining vor 2 Wochen war dafür ziemlich harmlos, obwohl es mit meinen Kollegen in der Einöde von Zwettl stattfand. Auf dem Weg dorthin wurde mir auch klar, warum das Waldviertel mit Esoterik-Schmafu wirbt - denn außer Steinhaufen findet man dort nichts in der Wildnis (und nach einigen Jahren als Waldmensch würde ich auch alles, was nicht aus Holz ist als Kraftort ansehen). Das Seminarhotel war natürlich FengShui mäßig eingerichtet, was heißt, dass alle Wände des Seminarraums gelb gestrichen waren und ein Zimmerbrunnen nett vor sich hin plätscherte.

Wenn mein Zimmer allerdings FengShui mäßig war, heiße ich Dschingis Khan, denn vom Bett aus sah ich nur in einen langen dunklen Gang, aus dem jederzeit irgendein Drache kommen konnte, und neben dem Bett war die (verschlossene) Tür zum Nachbarapartment, aus dem ich stündliche einen irren Massenmörder erwartete. Ich habe natürlich trotzdem gut geschlafen, erstens ging ich kurz nach Mitternacht als einer der ersten von der Bar ins Bett und zweitens, wer glaubt den schon an Monster (obwohl, ich hatte mein Kampfnilpferd nicht mit, das mein Bett zu Hause für mich überwacht, während ich schlafe).

Der erste Abend verlief unspektakulär, jeder musste sich vorstellen, und da ich das mit etwas Sarkasmus würzte, fanden mich gleich alle sehr cool. In anderen Worten bedeutet das wohl, dass mich im Büro alle für stinklangweilig gehalten haben...

Der zweite Tag war geprägt von der Überquerung des Dinosaurierflusses und zwei 3gängigen Menüs zu Mittag und zu Abend. Aber da ich ja auf Diät bin, habe ich jeweils die Suppe brav ausgelassen. Beim abendlichen fröhlichen Beisammensein unterhielt ich die Gruppe noch mit netten Anekdoten zu Relativitätstheorie und Quantenphysik, was meinen Status als cool noch mehr festigte. Außerdem habe ich mich bei meinen Kollegen, die zur Hälfte in Managementfunktionen tätig sind, unglaublich beliebt gemacht, als ich mal bemerkte, dass es für Manager ein Problem wäre, in Karenz zu gehen, da sie ja danach doch wieder ein bis zwei Tage benötigen würden, um sich das ganze für ihren Job nötige Know-how neu anzueignen.

Ja, und neue Beobachtungen aus dem Fitnesscenter: a) Die meisten Männer stöhnen nach einem Saunabesuch als hätten sie weiß Gott was geleistet und torkeln danach benommen ins Freie. b) Bei so gut wie allen Durchschnittsmännern hat sich eine von zwei Frisuren durchgesetzt: Die Standard-Idiotenfrisur für unter 30jährige (ganz kurz, nur vorne eine Gellocke hinaufgekämmt), sowie die Marine-Frisur für alle, die mangels Stirnhaar keine Gellocke mehr zusammenbringen (ganz kurz mit Stirnglatze). Infolge dieser Frisuren verwundert es mich nicht, dass manche auch im Fitnessraum ein Baseball-Kapperl tragen!

Und mein italienischer Freund Gustl war mit 50 minderjährigen Italienerinnen in Wien, einer der wenigen Momente, an denen ich gern 15 Jahre jünger gewesen wäre. Ein lustiges Gespräch fand zwischen Gustl und seinem Freund statt: Gustl: "Im Kunsthistorischen Museum worn ma!" Joseph: "Do wor i no nie! Kaun des leicht wos?"...

DIENSTREISE TALLIN

Spaziergang in Tallin

Gründonnerstag, 28.3. 2002 23h Ich sitze seit 3 Stunden am Flughafen von Tallin fest, und dieser Zustand wird noch 3 Stunden andauern. Wie bei meinen Reisen mittlerweile üblich, ist eine Maschine defekt, und die, auf die ich warte ist so defekt, dass sie nie kommen wird. Also warte ich auf die Ersatzmaschine um Mitternacht, die mich freilich nicht nach Wien bringen wird, sondern nach Stockholm, wo mich schon das Airporthotel erwartet.

Eigentlich wäre das ja eine Super-Gelegenheit um Stockholm zu besichtigen, aber da ich morgen eigentlich skifahren möchte, gehts dann um 7h mit dem Morgenflug nach Wien (hoffentlich!!!). Dann schnell Businessanzug gegen Skianzug gewechselt, und dann flupdiwup nach Hinterstoder, und wenn ich Glück habe bin ich auch rechtzeitig dort, da die Lifte zur Berghütte, wo wir übernachten, nur bis 16h in Betrieb sind. Und die Scandinavian Airlines wird mir wohl eher keine Übernachtung im Tal von Hinterstoder zahlen?

Aber immerhin habe ich nun regulären Zutritt zur Business-Lounge (fleißige Leser erinnern sich vielleicht noch an mein Florida Abenteuer), wo ich alles habe, was man so zum Leben braucht: Orangensaft, Nüsse und Internet. Und sogar eine Playstation mit dem GrandPrix von Zeltweg, die ich nachher gleich ausprobieren werde. Immerhin hab ich seit 15 Jahren als Computerspiel nur Tetris gespielt. Freude macht mir außerdem, dass die ordinären Passagiere draußen auf den Holzbänken warten müssen. Ja, und eine nette Geräuschkulisse habe ich auch noch, CNN, dazu leise, nervtötende Musik Typ Aufzug, das melodische Rauschen einer sich aufwärmenden Propellermaschine und verschiedene Typen, die am Handy in nicht näher definierbaren Sprachen (Estnisch? Finnisch? Russisch?) kommunizieren. Oh, und nun kommt ein Typ in mein Blickfeld, der seine Brille im Mund trägt, sieht sehr elegant aus und verleiht der Business Lounge das nötige Flair.

Gestern sind wir von unseren Gastgebern zum Dinner eingeladen worden, in einem alten Hansegasthaus, was für mich unter zwei Aspekten überraschend war: Erstens, dass es scheinbar von niemand als peinlich empfunden wird, dass Kellner und Kellnerinnen in mittelalterlichen Kostümen bedienten und zweitens, dass Tallin bei der Hanse war. Ich habe immer gedacht, die endet nach Hamburg. Beim Essen haben mein Kollege und ich je eine Vorspeise genommen und uns gewundert, dass die Vorspeisen der anderen so riesig waren, bis uns bewusst wurde, dass die

gleich ihr Hauptgericht vertilgten und die Speisen nur gleichzeitig serviert wurden.

Der Chef der Gastgeber, ein stattlicher Schönling (etwas ähnlich mit dem Pizza-Mampf in der Star Wars Parodie, oder dem Typen aus dem Sinn des Lebens, der noch ein Pfefferminzblättchen isst) hat mich auch gleich etwas schief angesehen, da ich als einziger keine fünf Bier sondern Orangensaft geordert habe. Danach sind wir in ein neues Lokal gegangen, ein sehr luxuriöses russisches Restaurant, aber nicht etwa wegen der Nachspeise, sondern um uns mit Vodka abzufüllen! Ich hab immerhin ein halbes Stamperl gesoffen, vor allem um die Zeremonie mitmachen zu können: Zuerst mit der linken Hand zuprosten, dann saufen (eigentlich auf ex), dann mit der rechten Hand ein Salzgurkerl ergreifen, in Honig tunken und runterwürgen. Ich liebe diese Erfahrungen in fremden Ländern...

Auf die Frage von PizzaMampf " want something else? Beer? Vodka? Girls?" bin ich aber doch gegen 23h zurück ins Hotel abgesetzt. (Auffallend beim Hinflug war übrigens, dass die Hälfte der Fluggäste Estinnen waren, mit 10cm Stöckelschuhen, transparenten Oberteilen und recht extravagant geschminkt).

Die beiden ersten Vorträge heute waren in Estonisch, also nicht wirklich verständlich für 5 Milliarden Menschen. Danach sprach ein Unternehmensberater aus Finnland, immerhin auf eng-

lisch, dafür sehr einschläfernd, sodass ich mit meinem Vortrag ja Furore machen musste. Der Titel meines Vortrags war übrigens "Kuidäs tehnilised lahendüsed tötavad tarnähela jühtimist". Dazu passt auch ein estonisches Wort, das ich gehört habe, "jäääär", das heißt soviel wie "Rand einer Eisscholle, die sich gerade vom Packeis gelöst hat und sich dem Schiff nähert".

Tallin ist übrigens sehr schön, wirklich(!!!) sehenswert. Anzuraten ist freilich der Sommer für einen Besuch, im Winter könnten die drei Sonnenstunden am Tag doch etwas deprimierend auf sensiblere Naturen wirken.

So, ich geh jetzt zur Playstation. Oder ich schau, was sich die Dame in der Box vor mir im Internet ansieht, ich vernehme ab und zu ein leises Stöhnen! Mehr demnächst! Liebe Grüsse Ärwõn Rüübõn

Do, 4.4. 2002 Das Stöhnen in der Box vor mir waren nur die entarteten Todesschreie von Pacman Opfern, welche die Dame killte. Außerdem weiß ich nach ihrem Telefonat mit ihrem Geliebten, dass sie ein Genie ist, da sie es bis in den dritten Level geschafft hat.

Der weitere Rückflug verlief störungsfrei, d.h. um 1h einschlafen in Stockholm, um 6h aufstehen in Stockholm, 10h Ankunft in Wien, 11h Abfahrt Wien, 15h Ankunft Berghütte Hinterstoder, 15h05 erste Abfahrt mit den Big-Foot (eigentlich Carvelinos). Vom Flug bleibt noch erwähnenswert, dass mir mein Flaschenöffner, den ich zusammen mit einer Flasche Wein für meinen exzellenten Vortrag bekommen hatte, natürlich beim Röntgen abgenommen wurde (schließlich könnte ich ja damit den Captain erstechen, falls ich ihn mit dem Messer zum Abendessen die Gurgel nicht ganz durchtrennen könnte). Besagter Flaschenöffner wurde also getrennt eingecheckt und ist in Wien natürlich nie aufgetaucht...

Skiurlaub Hinterstoder

Fr, 5.4. 2002 Die Berghütte war nach dem Deluxe Hotel in Tallin ein gewisser sozialer Abstieg, das Zimmer bestand aus Stockbetten, einem Kasten, einem Tisch, einer Lampe, einer Steckdose in 2m Höhe und einem an mehreren Stellen durchgebrochenen Fußboden. Dafür war das

Essen mehr als reichhaltig, und vor allem gab es eine ursüße, total niedliche und äußerst anhängliche Hüttenhündin namens Ayse. Das ist besonders originell, da auch eine Bekannte von mir so heißt...

Die Tage verliefen ungefähr so: Schlecht im Stockbett geschlafen, unglaublich viel gefrühstückt, im Liegestuhl in der Sonne braten, bis die Pisten halbwegs uneisig sind, einige Male talwärts gefahren, Liegestuhl, weiter gebigfootlt, Liegestuhl, Nachmittagsschlaf, unglaublich viel Abendgegessen, Tarock gespielt, schlecht geschlafen...Interessant waren die anderen Hüttenbewohner, die in ihren Trinksitten gut nach Estland gepasst hätten sowie die Gebirgsmenschen, die außer mir noch die Pisten unsicher machten. Nicht-Eingeborene waren dank des späten Termins kaum vorhanden, was dem Urlaub einen gewissen exotischen Reiz verlieh ("Joho, boad muass ma de Kiah wieda auffitreim").

Mein Big-Foot-fahren wurde durch die weichen Nachmittagspisten extrem begünstigt, und außerdem habe ich ja nun einen Mini-MP3-player, sodass ich mir die flotten Lieder nicht mehr vorsummen muss, sondern während der Fahrt hören kann. Es gehört wohl zu den besten Dingen, die man allein tun kann, zu "Sarmacanda" (von Veccione) wie ein Irrer in kurzen Schwüngen ins Tal zu rasen. (Gut geeignet ist auch noch "Steel claw" von Tina Turner oder "Thrill of the grill" von Kim Carnes)

Ein aufregendes Erlebnis hatte ich einmal des Nachts, als ich voller Bewunderung auf den Sternenhimmel aufblickte und alle astronomischen Erkenntnisse, die ich als Jugendlicher gewonnen hatte, wieder auf mich einstürzten. Ich sah also unsere Galaxis (Milky way, Milchstraße...), als ich im Eis einen Schatten registrierte und scherzhaft dachte, hoffentlich ist da kein Bär aus dem Winterschlaf erwacht. Da hörte ich hinter mir auch schon ein leises Tapsen... Und Ayse kam wedelnd auf mich zu und wollte im Dunkeln mit mir spielen.

WIENER GESCHICHTEN VI

Di, 7.5. 2002 Nun habe ich endlich meine Abschlussarbeit für meinen MBA Titel fertiggestellt und kann mich im Büro wieder anderen Dingen widmen, z.B. lustige e-mails schreiben. Viel ist ja bei mir nicht passiert, also werde ich mich einigen Beobachtungen widmen:

Anlässlich des Fußballmatches irgendwer gegen irgendwem wurde im Das-Leben-ist-ein-Hit-Radio Ö3 der Tipp gegeben: "Rechtzeitig Bier einkühlen" - irgendwie schon beruhigend dass die Al Bundys unter uns zeitgerecht über die Freizeitgestaltung informiert werden. Aber als Ausgleich dazu für alle die es nicht gehört haben, ein seltenes Highlight von einer Ö3-Umfrage: Wieviel österreichische Euro ist 1 französischer Euro?: "I was net, wir san ausn Burgenland, da is schee, do samma sicha"

Vor einiger Zeit hat in meinem Firmenaufzug eine Blondine ihrem Liebsten einige zärtlich Worte übers Handy mitgeteilt: "Ja Schatzi, ich hab Dich sooo lieb, jaja, ich vermiss Dich auch... wart die Leitung wird schlechter... Du Oasch, ich hab gsagt die Leitung wird schlecht, du blödes Oaschloch..."

In der Provinz im Gasthof hatte ich das Vergnügen mit einer Gruppe Kärntner in einem Raum zu sitzen. Aber anstatt ihrem Chef-Vogelhändler zu huldigen, brachten sie esoterisches Gedankengut vor: "Jojo, die Bama (Bäume) muass ma bei Vollmond schlogn, des hams scho vur 1000 johr so gmocht". Ich wollte zwar kurz bemerken, dass vor 1000 Jahren auch Amputationen & rostige Kellen die wesentlichen ärztlichen Hilfsmittel waren und daher der Wissenstand der damaligen (und auch heutigen) Waldbewohner nicht so wirklich überragend gewesen sein dürfte, aber ich habe vor der ignoranten Übermacht natürlich kapituliert. Schließlich musste ich ja noch Zehennägel schneiden gehen, da es genau 4 Tage nach Halbmond war.

Apropos Esoterikdumpfis, heute bin ich neben einer Frau im Bus gesessen und schon der Titel ihres Buches inspirierte mich zum Mitlesen: "Liebe und Planetenbahnen". Da ich Planeten schon immer geliebt hatte, las ich aus dem Augenwinkel etwas mit, aber es war leider kein Astronomiebuch, sondern ein verkappter Porno (Auszug: "Als Venusfrau warte ich auf die himmlische Aura, wenn ich meine Schenkel öffne" oder "Als Mars-Löwen-Mann habe ich das echte Feuer in mir"...)

Um mir für die schwierige Frage, welches Firmenauto ich mir als nächstes bestellen soll kompetenten Rat zu holen, habe ich unter meinen weiblichen Bekannten eine Umfrage gestartet, mit der Frage: blauer oder silberner BMW compact (rote Ledersitze?) oder blauer oder weinroter Audi A4. Hier die Antworten:

1) Denn abgesehen davon, daß bmw ein proloauto ist, ist es auch DAS piefke auto (wenn du dich damit identifizieren willst), oder das auto derer, die das autofahren nicht beherrschen (macht sich sicherlich auch gut) und vor allem läßt ein bmw auf potenzprobleme schließen (macht sich in der damenwelt definitiv NICHT gut). audi ist eindeutig in blau schöner.... weinroter audi ist definitiv ein altherrnauto UND WAGE ES JA NICHT DEN SILBERNEN BMW MIT ROTEN LEDERSITZEN ZU NEHMEN!!!!

2) Ich finde, dass der Audi A4 in weinrot am Besten zu Dir passt. Er macht einen gediegenen und vertrauenserweckenden Eindruck. Der BMW gefällt mir vom Aussehen nicht so gut, und die roten Ledersitze finde ich sehr aufdringlich. Außerdem macht der BMW einen sportlicheren Eindruck auf mich - was nicht so ganz zu dir passt. Weitere Aussagen dazu: BMW heißt - bums mal wieder / BMW ist ein Macho u. Prolo Auto / rote Ledersitze – bähhhhhhhh / BMW Fahrer sind aggressive Fahrer u. fallen im Straßenverkehr nur ungut auf

3) Lösch mich bitte aus der Verteilerliste

4) ...mir gefallen Audis viel besser. Farbe egal, aber die Rote-Leder-Geschichte ist ein bisserl komisch.

5) ...ich an deiner Stelle beim Audi bleiben. ...und ihn in dunkelblau nehmen! Hat zwar dann eine gewisse Ähnlichkeit mit dem Vorgänger, aber das kann ja auch von Vorteil sein.

6) ...AUDI A4 besser als der BMW. Der rote sieht auf dem Bild ganz gut aus. Blau ist vielleicht edler; weiß nicht. Die roten Sitze im BMW haben mir überhaupt nicht gefallen.

7) ...gebe ich zu bedenken, dass der BMW nur 3 Türen hat, was meiner Meinung nach wirklich total unpraktisch ist!!! Andererseits könntest Du interessante Einblicke bekommen sollten sich eventuelle Mitfahrerinnen im Minnirock auf die hintere Bank zwängen wollen! Ganz liebe Grüße und viel Spaß bei Deiner Entscheidung PS: Die roten Sitze sind allerdings ziemlich cool!!!

8) Blauer BMW und innen dunkelblau macht sich sicherlich sehr gut. Silber BWW mit rotem Leder auch super; vor allem man erkennt nicht gleich, daß es ein Firmenauto ist.

9) Dunkelblauer Audi! hoffe das hilft - hast ganz schön schwerwiegende probleme!!!!

10) wenn du einen Audi nimmst würd ich einen dunkelblauen nehmen...und solltest du dich für einen BMW entscheiden, dann würd ich den mit dem roten Leder bevorzugen...

11) Io voto per la: *) BMW compact -) blau außen & blaues Leder innen. Decisamente molto + figa!!

12) BMW, silber mit schwarzem Leder, diese Variante gibts zwar nicht, aber man sollte immer für neue Ideen offen sein !! Für einen Audi fehlen Dir vor allem Kinder, damit dieses Auto passend wäre !!

13) also wenn, dann nur dunkelblau. dunkelrot fände ich auch nicht schlecht, aber weinrot... blau außen & blaues Leder innen find ich gut. silber außen, rotes Leder innen -> ui! das find ich ganz schlimm! (...wahrscheinlich ist das dein favorit) also die rote innenausstattung ist echt schlimm!

14) Audi A4 dunkelblau. Keine Frage

15) Also ich muss dir schon sagen du bist ein ganz armer Kerl dass du solche schwerwiegenden Probleme hast! Aber wenn du mich fragst ich würd den roten Audi nehmen! Schaut am besten aus!

16) ...aber meine Wahl fällt eindeutig auf den Audi. Mit leichter Präferenz für blau. BMWs sind durchaus schön, haben aber für mich so einen leicht aufdringlichen Charakter, nicht so schlimm wie Porsche, aber ein bisserl halt. Audi ist mein absolutes Lieblingsauto. Und ich finde, es hat unaufdringlichen Stil.

17) Am besten würde mir der silberne BMW gefallen,.... da es ihn offensichtlich nur mit rotem Leder gibt (fahrendes Puff...) würde ich ihn doch nicht empfehlen (zeigt eindeutige Absichten...und das willst Du doch sicher nicht ...oder??) Es könnten sich darauf nur "leichte Mädchen" melden....hihihi Grübel Grübel Grübel...also ich habe mich für den Audi entschieden!!! Audi ist immer gut, "macht was her" und ist "steil" genug für sämtliche Mädels.

18) habe in meiner umgebung eine umfrage gestartet - hier das ergebnis: frauen zwischen 17 - 25 bmw - aber ja kein rotes leder innen! Darüber von beiden begeistert - in dunkelblau

19) Also, die Farbe Weinrot kannst Du gleich vergessen!!!! Es gibt kaum eine ätzendere Autofarbe!!!!! (Ist super altmodisch - a la: Opel Corsa oder ähnliches.) Da kann man selbst bei einem Audi nicht drüber hinweg sehen. Ein dunkelblauer Audi ist da schon um einiges besser. Ich persönlich mag Dunkelblau-Audi-Fahrer sehr gerne. Ich finde auch BMW prinzipiell nicht übel. Blau innen und außen ist super elegant und läst glauben, der Fahrer sei wohl betucht und hat Geschmack (oder so.....). Silber mit rotem Leder......ui....echt schnittig und "gefährlich".... wenn Du verstehst was ich meine....

20) Kann mich einfach nicht wirklich entscheiden, welches Gefährt ich da am hübschesten und anziehendsten finde. Aber so entscheidungsunfreudig sind Frauen nun einmal!

21) Zu den Autos: Sehr schwierig! Sehen alle gut aus! Entscheide spontan einfach, ist das Beste! Ich würde sowieso ein rotes wollen!

22) Ich würde dunkelblauen Audi A4 nehmen, ist einfach am seriösesten. Die BMW-Variante finde ich allzusehr in Richtung: ich muß mein kleines Ego (oder sonstige Kleinteile, haha...) kompensieren und fahre daher ein schnittiges Auto. Das trifft vor allem auf die silber/rot-Variante zu.

Aufgrund dieser Umfrageergebnisse habe ich habe mir daher einen blau/blauen BMW bestellt, sollte er firmenintern genehmigt werden, werde ich damit künftig herumbrausen. Hauptargumente dafür: billiger (könnte mir allerdings wurscht sein), kompakter (leichter zum einparken), Heckklappe (falls ich mir doch mal einen Neufundländer zulege), Rundumparkleiste aus Gummi (mein jetziges Auto hat dagegen Rundumkratzer von den Säulen, die mich ständig in der Tiefgarage

anspringen). Und sollte ich demnächst nach Italien auswandern, kann ich mir immerhin sicher sein, dass mein Auto den Geschmack den Italienerinnen entspricht (zumindest einer). Die (v.a. in 1 und 22) befürchteten Potenzprobleme sind in meinem Alter ja eh schon weit verbreitet und die in 2) geäußerte Meinung, sportlich passe nicht zu mir, lässt mir kaum eine andere Wahl als den BMW.

Do, 23.5. 2002 Letztens habe ich folgendes über mein chinesisches Horoskop gelesen: Jahr des Pferdes: Der Drang nach Freiheit, kombiniert mit der Lust am Reisen. Den Pferde-Persönlichkeiten werden Aktivität und Ausdauer nachgesagt. Falls Sie auf einer großen Party eine schillernde Persönlichkeit entdecken, die den Trubel liebt, ist es garantiert ein Pferd. Pferde Personen sind sehr freiheitsliebend. Man kann sie nur schwer dazu animieren, einer geregelten Arbeit nachzugehen. Typische Bürozeiten sind nichts für Pferde. Sollte jedoch ein finanzieller Vorteil entstehen, kann man allenfalls mit ihnen darüber reden. Engere Zügel erträgt das Pferd einzig bei den eigenen Finanzen. Pferde sind für ihren wachen, scharfen Verstand und ihre Intelligenz bekannt. Sollte das Pferd einmal härtere Zeiten durchleben, kann es von seiner enormen inneren Stärke profitieren. Feiern Sie das Jahr des Pferdes - Tja dem ist wohl nichts mehr hinzuzufügen!

Eine interessante Beobachtung konnte ich letztens bei Schulkindern in der U-Bahn machen: die Mädchen machten mathematische Rätsel, die Buben sagten dauernd TschingTaschangTschung und spielten dazu Schere/Stein/Papier. Die Frage ist nur, wo gehen diese Mädchen verloren, dass mich beim Studium nur 10% Frauenanteil begleitet haben?

Am Wochenende war ich in Jesolo mit Venedig Ausflug, so wie ca. 50.000 andere auch noch, vornehmlich aus den ländlichen Gebieten Österreichs und Deutschlands. Immerhin ergaben sich interessante soziologische Beobachtungen über das unterschiedliche Verhalten der Bergmenschen im Kontakt mit der Zivilisation.

Nach Venedig hatten wir eine Tageskarte für die Schifflein gekauft, allerdings sind diese den halben Tag nicht gefahren, da irgendein Ruderrennen am Canale Grande stattgefunden hat. Auf den Schock hin hab ich mir unter der Rialto Brücke einen Eiskaffee gegeben und danach staunend die Rechnung über 8 1/2 Euro betrachtet. Einen halben Tag waren wir auch in Vicenza, da ich das nähere Padua schon kannte. Dort angekommen bin ich freilich draufgekommen, dass ich in Vicenza auch schon war und die Stadt zwar ganz nett, aber nicht wirklich berauschend ist (z.B. im Gegensatz zu Padua). Immerhin konnten wir einige Stunden im üblichen Stau um Venedig totschlagen. Bei der Rückfahrt konnte ich eine deutsche Pensionistin beim Bestellen in einer italienischen Raststätte beobachten: "Bitte ein Brötchen, aber ich möchte in Euro zahlen!"

Die Ö3-Interviews bringen immer erfrischende Neuheiten über unsere Landmenschen, wiedermal zum Thema Euro: "I bin aus Niederösterreich, I kenn mi net aus"

In zwei Wochen fliege ich nach Singapur, und nachdem ich dort meine moslemische e-mail Freundin Diyanah treffe, könnte es sein, dass ich demnächst Erwinry Bin Laden heiße...

Urlaub Singapur

Singapur, Finance District

Sa, 25.5. 2002 Bemerkenswert bei der Reise nach Singapur ist die Tatsache, dass nichts am Flug schief ging, keine Verspätung, kein Ärger, nichts. Fast enttäuschend. Beim ersten Flug nach Frankfurt saß zwar am Nebensitz eine Mutter mit Kind, das allerdings erstaunlich brav war. Nur der Mann daneben nervte etwas, da er die Mutter und das Kind dauernd nach dem Papa ausfragte, wohl in der Hoffnung der würde nicht mehr existieren und er könnte einspringen.

Ein kluger Schachzug von mir war der allgemeine Eintrag auf der AUA Homepage bezüglich vegetarischen Menüs vor vielen Monaten, den ich schon längst vergessen hatte. Aber nachdem Singapore Airlines auch zur Star Alliance gehört, bekam ich dort als erster im ganzen Jumbo das Essen. Danach noch "Vanilla sky" gesehen, dann ein wohlverdienter Schlaf, der nur ab und zu von dem etwas molligeren Inder neben mir gestört wurde, wenn er sich herumwälzte. Im Hotel-shuttle wurde ich von 6 Insassen als 6. ins Hotel gebracht, wäre ich negativ, würde ich sagen typisch. Die 2 Meter zwischen klimatisiertem Shuttle und klimatisiertem Hotel waren sauheiß, dafür war das Zimmer saukalt und das Fenster nicht zum öffnen (und die Klimaanlage bestand im wesentlichen aus einem an/aus Schalter).

Di, 28.5. 2002 Die letzten drei Tage habe ich im wesentlichen Singapur besichtigt, den ersten Tag war ich mit Dee, meiner e-mail Freundin, auf Sentosa Island, einer Art Disneyland für Asien. Ich hatte Glück und gutes Wetter, denn es regnete und hatte dadurch nur 28 Grad. Als Höhepunkt war statt einem Feuerwerk eine Lasershow am Brunnen angesagt, bei der ein Haufen Monster in die feuchte Luft projiziert wurden. Durch den Regen waren auch die Bänke nass, was aber bei den Temperaturen überhaupt keine Rolle spielte. Störend waren eher die Regenschirme, die das Blickfeld etwas einschränkten und das Wasser auf die Schultern tropfen ließen - allerdings nicht auf meine, denn Dee hatte einen Spiderman Schirm mitgenommen, etwas peinlich, dafür trocken haltend.

Singapur besteht im wesentlichen aus Hochhäusern und Wolkenkratzern, dazwischen sind klischeehaft noch einige alte Bauten erhalten geblieben, was reizvolle kontrastreiche Fotomotive ermöglicht. Die Besichtigungstouren wären in der Hitze eigentlich undenkbar, aber nachdem ich alle 10min in ein klimatisiertes Shopping Center oder einen Bus abgetaucht bin, habe ich überlebt.

Meine erste Station war der Finanzdistrikt, mit 60stöckigen Banken etc... Ich erwartete pulsierendes hektisches Treiben - wurde aber von gähnender Leere empfangen, vielleicht da ich an einem Feiertag dort war. Mein erstes Essen bestand aus Fischsuppe mit Nudeln, d.h. hauptsächlich aus Fischsuppe, da ich die Nudeln beim besten Willen nicht mit Löffel und Stäbchen essen konnte - so habe ich künftig nur nicht-chinesische Küchen aufgesucht, bei denen es auch Gabeln gab - während Messer mehr oder weniger unbekannt scheinen. Nach China Town und Little India bin ich schließlich auf ein sehr hässliches, sehr hohes und sehr neues Haus in dunkelbraun gestoßen - könnte fast von Hitlers Leibarchitekt geplant worden sein in seiner abstoßenden unästhetischen Wirkung. Was es mal wird ist unbekannt, aber Dee hat gemeint, die Einwohner nennen es mal Gotham City house, nach der gleichhässlichen Stadt von Batman.

Die Bevölkerung setzt sich zu 70% aus Chinesen und dem Rest Inder und Malaien zusammen, insgesamt ein sehr interessanter Mix, v.a. dank der jungen Frauen, der hohen Temperaturen und der vielen Miniröcke. Am Abend war ich mit Dee bei einem Mondscheinpicknick am Meer, bei dem wir wie immer v.a. über Religion und Politik diskutierten. Zuvor musste ich allerdings bei

einem Schuhgeschäft eine Kiste stehlen, damit wir einen Esstisch hatten. Außerdem fiel mir die Aufgabe zu, den Beutel mit roter Soße zu öffnen, was schließlich mit einer roten, öligen Kiste endete. Während wir so die Schiffe, das Meer, den Mond und die Sterne ansahen gab sie mir ihren Walkman, aber statt den erwarteten lieblichen Melodien hörte ich etwas überraschend Koranrezitationen - wahrscheinlich ein Test ob ich erleuchtet bin.

Do, 30.5. 2002 Mein Ausflug nach Malaysia in die Stadt Johor Bahru brachte die Ausnahmestellung Singapurs in der Region drastisch vor Augen. Die Stadt bestand vor allem aus halbzerfallenen Häusern der Einheimischen sowie einem riesigen Shopping Center für die Singapurer Besucher. Der Ausflug im Wordrap: hin in express Bus - irre Grenzstation - sieht aus wie in brutalem Science Fiktion Film - aus Bus raus - grenze passieren - wieder in Bus rein - 1km über die Verbindungsstrasse - dort Grenzeinreise nach Malaysia - immer mit schein zum ausfüllen - immerhin nicht so lächerliche fragen wie in den USA - sehr heiß - Frauen viel öfter verschleiert - trotzdem Lippenstift etc. - Regierungsgebäude umrundet - sah gefährlich aus - riesiger quadratischer Turm - Sultanspalast gesucht gefunden und besichtigt - nur möglich mit 2 Trinkpausen - neuen Rucksack gekauft - den alten weggeworfen - nach 1h bei Sandler wiederentdeckt - billige VideoCds vom neuen Star Wars Film gekauft (2 Euro) - Probleme bei rückreise da kein Ticketschalter für Expressbus gefunden - netten chinesischen Busfahrer nach ticket gefragt - allerdings ist Direktkauf im Bus unmöglich - Wappler schickt mich zum Bummelbus zurück... 2h später im Hotel...

Mein Morgen besteht seit einigen Tage mit Aufwachen gegen 11h (4h MEZ), Kaffee im Zimmer, Dusche, frisches Leiberl anziehen, 300m zum Eisshake Geschäft, Eisshake (Heidelbeer oder Mango), verschwitztes Leiberl trocknen, 200m zur U-Bahn, in klimatisierter Metro im tropfnassen Leiberl frieren...

So, 2.6. 2002 Am Samstag war ich im Tiger Palm Garten, gestiftet vom Multimilliardär, der Tiger Palm vertreibt. Dort gab es unendlich kitschige Figuren und fürchterliche Darstellung der Strafen in der Hölle (teilen, Herz rausschneiden, erfrieren, sieden, ertränken...). Weiter ging es zum World Trade Center, von dem aus man mittels Schweitzer Gondelbahn übers Meer nach Sentosa fahren konnte. Freilich wurde ich dabei etwas reingelegt, da mir statt einfacher Fahrt in Normalgondel (6 Euro) eine Fahrt in der Rundumglasgondel (5Euro mehr) und der Eintritt, den ich eigentlich nicht wollte (4 Euro) verrechnet wurde. Dafür gab es eine endlose Wartezeit auf die Spezialgondel, also habe ich nach einiger Zeit doch die normale genommen. Nachdem ich den Eintritt nun schon bezahlt hatte, wollte ich wenigstens am Beach von Sentosa baden, als wie immer um diese Zeit (16h) ein Gewitter aufkam. Immerhin konnte ich die Beine ins Wasser stecken, und es war sehr sehr warm, wie in Oberlaa.

Heute bin ich mit der Fähre zur Insel Batam (Indonesien) gefahren, am Hafen hatte ich eine Stunde Zeit über mein Leben nachzudenken, da ich mich für die falsche Reederei entschieden hatte, die mit wenigen kleinen Schiffen, noch dazu die einzige mit Verspätung. Die Überfahrt war dafür sehr schön, warm, windig, tropisches Meer, grüne Inseln, blauer Himmel, weiße Wolken, wie im Reiseprospekt. Drüben angekommen war leider nicht die erwartete Stadt sondern nur der Hafen, und dutzende Taxifahrer, die auf mich einstürmten. Angesichts des üblichen Regens habe ich dann einen gewählt und eine Inselrundfahrt ausgemacht, aber ich war recht froh darüber, da die Insel v.a. aus sehr ärmliche Unterkünften bestand, die größte Stadt sieht aus wie man es sich von einem 3.Welt Land erwartet. Der Taxifahrer wollte mir noch die Prostituierten schmackhaft machen wollen (50$ statt 200$ in Singapur), was ich wie immer dankend ablehnte - scheinbar sind alleinreisende Männer mittleren Alters im allgemeinen Sextouristen.

Mi, 5.6. 2002 Die Abende habe ich mit Dee v.a. mit weiteren Diskussionen über Religion & Politik verbracht - immerhin bin ich nun auch der Meinung, dass die USA eine Verbrechertruppe als Regierung haben und der Koran ein Buch voll Weisheit und Toleranz ist. Nur bei der Abstammung von Adam & Eva hatten wir gewisse Differenzen, da mir Urknall und Evolution doch etwas glaubwürdiger scheinen als das Alte Testament. Der Rückflug war reibungslos, nur die vielen Deutschen waren natürlich ein hartes Kontrastprogramm zu den eleganten und feingesichtigen Asiaten.

WIENER GESCHICHTEN VII

Festwocheneröffnung, Wien am Rathausplatz

Di, 30.7.2002 Damit ich dem Vorwurf meines Vaters, ich sei absolut intolerant und beleidige so ziemlich alle gesellschaftlichen Gruppen gerecht werde, nun noch eine Geschichte vom Filmfestival am Rathausplatz. Neben mir saßen zwei tratschende Lehrerinnen, die sich hauptsächlich über die Sorgen ihrer Kinder unterhielten ("Meine Susi hatte immer einen Vorzug, aber jetzt ist sie TOTAL verzweifelt, weil sie nur einen Zweier in Mathe hatte..."). Diesem Gespräch durfte ich 30 Minuten folgen, als endlich der Film begann und ich Hoffnung auf entspannende Musik und ein Ende der Plauderei schöpfte. Weit gefehlt allerdings, die Unterhaltung ging munter und laut weiter, bis schließlich die Dame rechts neben ihnen anmerkte, sie mögen bitte ein wenig leiser sein. Tja, mehr hatte sie nicht gebraucht, in voller Empörung rief die eine aus "ja herrscht denn hier Redeverbot, das hab ich nicht gewusst, wer will denn leicht den Film sehen, etc..." Dann wurde noch eine Minute weitergeplaudert, bis auch mir die Geduld riss und ich sie höflich aufforderte, doch im Park weiterzureden. Wie durch ein Wunder wirkte das, und die beiden zogen ab. Zum Loswerden von Frauen ist mein Charme also durchaus einsetzbar.

Es gibt wohl kein tragisches Ereignis, das nicht durch Radiomoderatoren und Medien noch schlimmer gemacht werden könnte, so auch der Flugzeugzusammenstoß über dem Bodensee. Highlights waren die Kronenzeitung, die ein künstlich auf alt getrimmtes Foto des angeblichen russischen "Todespiloten" groß auf die Titelseite rückte, unsere sauberen Gebirgsnachbarn aus der Schweiz und ihre schlafenden Flugloten aber nicht erwähnte, sowie die Bild Zeitung: "Kinder fielen brennend vom Himmel", ja und außerdem das gratis U-Bahn-Blatt: zwischen der Nackten auf Seite 3 und den türkischen Handtaschenräubern auf Seite 7 gab es auf Seite 5 eine schwarze Doppelseite mit den Namen aller toten Kinder.

Allerdings sind auch Experten vor Ort nicht immer ein intellektuelles Highlight, so meinte ein solcher aus Deutschland im typischen überheblichen Tonfall, man werde nun die post-mortem Daten mit den ante-mortem Daten vergleichen, um die Personen identifizieren zu können. Es lebe der Lateiner! Und ich habe immer nur Juristen beschuldigt, sinnlose Wörter aus toten Sprachen zu verwenden, um ihrem Tun den Anstrich von Seriosität zu geben. (Wobei, eigentlich bedienen sich ja Homöopathie und andere Esoterikvermarkter ja auch dieses Tricks - wer würde sonst hochver- dünnten Rattenurin trinken, um seine Blasenprobleme loszuwerden...)

Zu den Schwierigkeiten mit dem Beifahrerfenster (der Scheibenheber auf der Beifahrerseite geht nicht auf einmaligen Knopfdruck zu, sondern man muss die ganze Zeit drücken - speziell im Tunnel eher unangenehm) hat ein Machobekannter von mir die Theorie entwickelt, damit das "Schließen auf Knopfdruck" deaktiviert wurde, damit sich die typische BMW Beifahrerin nicht verletzt... Was allerdings dagegen spricht, es funktioniert es auf der Fahrerseite schon, und typische BMW Fahrer sind ja im allgemeinen auch nicht schlauer als ihre Beifahrerinnnen. (*Nachtrag: Beim BMW Kombi geht das Beifahrerfenster schon auf Knopfdruck zu, scheinbar werden Mütter (denn wer sonst würde in einem Kombi auf der Beifahrerseite sitzen) als schlauer eingestuft*)

Die Bedienungsanleitung hat einige Highlights, z.B. kann die Automatik auf Manuell- Steptronic, "die sportbetonten Schaltprogramme" umgeschaltet werden, "falls eine leistungsorien- tierte Fahrweise angestrebt ist" - offensichtlich die zielgruppengerechte Umschreibung für "wenn sie wie ein Volltrottel an der Ampel beschleunigen wollen".

Für alle Esoterikfans habe ich ein tolles Angebot gefunden, aus dem aktuellen Neckermann Katalog: "Mütter aufgepasst: VitaMax Wasserbelebung - Ausgeglichenheit und Gesundheit! Mit Wasser dieser energetischen Struktur ist es möglich Körperzellen von Schwermetallen zu befreien. Nur durch Trinken von 2-3l dieses Wassers wird ihr Kind ausgeglichen, Hautprobleme ver- schwinden und es kann klarer denken..." Das würde man auch allen Käufern wünschen, die wirklich 400 Euro dafür hinlegen, dass künftig stinknormales Leitungswasser durch ein stinknormales Glaskristall fließt. Aber wenn es doch von Stephanie Graf (hatte die nicht irgendeine schwere Operation, weil die esoterischen Mittelchen nichts halfen?) empfohlen wird und vom "TCM - Schule der Technik Prof.Dr. Hoke" praxisgeprüft wurde, wer kann da noch widerstehen...

Sehr eigentümliche Dinge spielen sich in meinem Haus um die Besetzung des Hausmeisterpostens ab, hier das mail, dass ich an die Familienhilfe Genossenschaft geschickt habe:

Sehr geehrte Damen und Herren,

mit Erstaunen durfte ich gestern das Abstimmungsergebnis betreffend des Hausmeisterpostens bewundern. Schon die Abstimmung selbst war ja einigermaßen mirakulös, so wurde mir zwar die Wahl zwischen zwei Interessenten gegeben, mir wurde aber weder ein Grund für diese Abstimmung bekannt gegeben, noch wurden wesentliche Entscheidungsgrundlagen angeführt (z.B. ob der alte Hausbesorger seine Pflichten vernachlässigt und vielleicht Schmutz übersehen hätte, oder ob der Neuanwärter besser mit den notwendigen Werkzeugen umgehen kann, etc..., es wurde nur mitgeteilt, dass es gleich viel kosten wird). Daher war eine Abstimmungsteilnahme für mich vollkommen sinnlos. Die Vorgangsweise nach dem Abstimmungsergebnis ist nun aber für mich und wohl für jeden aufrechten Staatsbürger und Demokraten einigermaßen kurios: Zwar bekommt der alte Hausmeister 32% der Stimmen, der Neuanwärter nur 17% der Stimmen, da dies aber angeblich kein Mehrheitsbeschluss wäre, würde nun der Neuanwärter bevorzugt, da er bei einer Hausversammlung einstimmig gewählt worden wäre.

Nun ist zwar aus der Geschichte bekannt, dass mathematisch weniger begabte Menschen oft mit juristischen Tricks arbeiten um Ihre Ansprüche durchzusetzen, aber da ich denke, dass es in diesem Fall keinesfalls so gelaufen sein kann, bleibt mir diese Vorgangsweise vollkommen rätselhaft und schlägt meiner Meinung sogar die Vorkommnisse bei der amerikanischen Präsidentschaftswahl. Davon abgesehen halte ich sie aus zwei weiteren Gründen für ungültig:

a)   *Im Abstimmungsbogen wurde nicht erwähnt, dass ein Mehrheitsbeschluss notwendig sei (was auch immer das ist, für mich sind 32% schon die Mehrheit gegenüber 17%, aber meine Mathematikvorlesungen liegen nun ja auch schon einige Zeit zurück), sodass ich im Vertrauen auf eine funktionierende Demokratie nicht an der Abstimmung teilnahm*

b)   *Bei der Einladung zur Hausversammlung stand die Bestellung eines neuen Hausbesorgers nicht auf der Tagesordnung (sondern nur andere wichtige Dinge, z.B. die Anschaffung von Bügelbrettern...), sodass keine Abstimmung darüber hätte erfolgen dürfen.*

Ich darf Sie daher bitten, Ihre Vorgangsweise nochmals zu überdenken und eine Neuabstimmung durchzuführen, die dem Geiste der Demokratie in diesem Lande gerecht wird, und verbleibe...

Immerhin bin ich nun bei der alten Hausbesorgerin sehr beliebt, zwei Tage später hat sie sich überschenglich bedankt (zuerst wollte ich ja die Tür gar nicht öffnen, es hätte ja auch die Neuanwärterin sein können und mich verprügeln wollen)

Letztes Wochenende hat ein Kollege von mir geheiratet und ich habe ihn daraufhin mit einer Fotomontage zu seiner Hochzeit überrascht (was mich wieder auf die Idee brachte, auf Avantgarde-Hochzeitsfotograf umzusatteln). Von der Hochzeit selbst habe ich wenig mitbekommen, da ich mich als Ortskundiger angeboten habe, die vorbereiteten, aber vergessenen Blütenblätter vom nahegelegenen Gasthof zu holen.

Die Kellner wussten freilich nichts davon, aber flexibel, wie wir Wiener nun mal sind, rissen wir einfach die Blüten von den Balkonblumen und hatten so auch was zum in die Luft werfen nach der Feier.

Hochzeit Lisanne & Arnold, Wien

Urlaub Kalabrien II

Impressionen aus Tropea, Kalabrien

Di, 13.8. 2002 Nachdem heute mein lieber Freund Gustl ebenfalls in Reggio angekommen ist, nutze ich den letzten ruhigen Abend, um die Erlebnisse der letzten Woche zu Papier zu bringen. Ruhiger Abend ist in Süditalien natürlich relativ zu sehen, gerade eben (23h) spielt ums Eck irgendeine Band und Hunderte Menschen sorgen für den nötigen Hintergrundlärm.

Vor 10 Tagen bin ich wohlgemut und zivilisiert in Wien aufgebrochen und die Reise verlief bis Florenz ziemlich stressfrei, v.a. dank Automatik, Klimaanlage, Tempomatik und einem 2h Mittagsschäfchen am Wörther See. Die Automatik ist v.a. im Stau genial und mir ist schleierhaft, wieso die Mehrzahl der Europäer lieber manuell schaltet - vielleicht brauchen die meisten einfach ständig einen dicken Knüppel in der Hand...

Die Suche nach einer passenden Tankstelle fiel diesmal ebenfalls aus, da ich mittlerweile in Besitz von Tankkarten so gut wie aller Tankstellen in Europa bin. Ab Florenz war freilich elendig viel Verkehr, insgesamt 2h Stau und ein netter Wolkenbruch, so schlimm, dass in der Raststation

Strom und Wasser(!) ausfielen. Eigentlich wollte ich ja auf einem Campingplatz im Auto übernachten, aber nachdem ich dem Navigationssystem nicht geglaubt habe, vor einer Raststation scharf rechts abzubiegen, fand ich mich auf der Autobahn wieder und meilenweit von einem Campingplatz entfernt. Ich habe also das Hotel Castle aufgesucht (in Reminiszenz auf die Castlegasse, in der ich 27 Jahre wohnte..., nein auch das hat das Navigationssystem vorgeschlagen). Dort habe ich die Auswahl zwischen einem Spaziergang entlang der Autobahn, einem Weihnachtsfilm mit Julia Roberts und dem Softporno "Karl Dall singt auf Ibiza" gehabt und bin dementsprechend zeitig schlafen gegangen.

Der nächste Tag wartete mit läppischen 700km (nach den 1100km des Vortages) auf mich, ja und außerdem warteten noch insgesamt 5h Stau vor zahlreichen Mautstellen und zahlreichen Baustellen auf mich (dabei habe ich mich innerlich so über die depperten Germanen lustig gemacht, die alle am selben Tag vor dem Tauerntunnel stauen). Mittagsschlaf gab's diesmal keinen, da die italienischen Raststationen fern von Schatten sind und die Außentemperatur stellenweise 40 Grad erreicht hat. Immerhin kam ich gegen 19.30 ziemlich pünktlich zur Schlüsselübergabe an.

Die Vermieterin war freilich nicht wie ausgemacht um 20h hier, aber nachdem mich Gianna inzwischen getroffen hat, konnte sie das Missverständnis zwischen 18h und 8h aufklären. Meine Hoffnung, dass Sig. D'Orso eine wunderschöne alleinstehende Dame ist, erfüllt sich nur zu 2/3... Dafür wohnt sie eh nicht in der Wohnung, sondern 2 irakische Mathematiklehrer und ich teilen uns das Loch. Hamas und Lahlah sind aber wirklich sehr nett, freundlich und zuvorkommend, überhaupt nachdem ich erklärt habe, dass ich Bush für einen Idioten halte (was das Wohnungsklima verbessert und nicht mal gelogen ist). Lahlah sieht übrigens haargenau wie Sadam selbst aus.

Den Abend verbrachten Gianna und ich noch im kleinen Kreis ihrer Familie (d.h. nur 20 Leute), aber ich musste nur Mutter und Vater küssen. Als Freude darüber bin ich gleich mit dem Auto gegen die Gartenmauer gefahren und habe wieder mal meine linke Seite komplett zerstört - die Versicherung wird mich schon im Visier haben. Ihre Cousine, die auch im Sprachkurs an der Universität unterrichtet, versuchte small-talk mit mir, aber nachdem ich gerade "mi chiamo Erwin" herausbrachte, gab sie es bald auf. Immerhin wusste ich nun, welche Fragen mich am nächsten Tag erwarteten, und ich schaffte es, im Test nicht in die ganz unterste Gruppe (Italienisch für Vollkoffer) zu kommen, sondern in die Elementare 1 Gruppe. Sehr erfreulich war der erste Blick auf den 80% Frauenanteil, weniger erfreulich war der zweite Blick, dass die meisten Teilnehmerinnen theoretisch meine Kinder sein könnten (d.h., das ist natürlich subjektiv zu sehen, für meinen päderastisch veranlagten Richterfreund wäre der Kurs wohl optimal). In meiner Gruppe sind die meisten aus den ehemaligen österreichischen Kolonien, also Serbien, Ungarn etc. Eine Ausnahme und gleichzeitiges "Highlight" der Gruppe gibt es: Steffi, die 50jährige Latein- und altgriechisch-Lehrerin aus Eutlingen bei Tübingen, und sie vereint wohl alle Eigenschaften, die man Lateinlehrerinnen aus Norddeutschland so gemeinhin zuschreibt (Miii kiamooo Steffi, ach neee, miii kiama-aa Steffi...).

Montag Nachmittag verbrachten Gianna und ich am Wasser (bei ca. 40 Grad und einem Wind namens Shirokko), den Abend in einem open air Kino am Strand von Reggio. Den Film (Kate &  Leopold) habe ich teilweise sogar verstanden, besonders witzig war die Pause, die nicht etwa auf süditalienische Filmwechselmaschinen zurückzuführen war, sondern in Italien allgemein üblich ist. Anschließend trafen wir noch 3 Freundinnen von Gianna und bummelten den Lungomare (Strandpromenade) auf und ab. Die Aufmachung der meisten Frauen (d.h. eigentlich der weiblichen Menschen ab 12) würde in Wien nicht gerade als bieder bezeichnet werden, was sich dementsprechend auf den Gesichtsausdruck der Männer auswirkt.

Die Männer sind übrigens nicht wirklich elegant, eine lange Hose ist schon ein Glückstreffer. Die Männer gehen aber auch nicht auf und ab, sondern lehnen am Geländer und schauen cool (quasi ein umgekehrter Supermarkt, die Ware geht vorbei... der Ausdruck Ware drängt sich in der süditalienischen Machogesellschaft übrigens auf, Männer, die z.B. bügeln sind angeblich nicht vorhanden (bis auf Lalah und Hamas übrigens)). Nun ja, also aus ethischen Gesichtspunkten kann ich dem Treiben am Lungomare also nicht zustimmen, aus ästhetischen aber schon.

Die nächsten Tage waren dann ruhiger, Gianna ist mit den 3 Freundinnen 200km in den Norden gefahren, um Gustls Abwesenheit in den dortigen Diskotheken auszunutzen, und meine Tage bestanden aus Aufwachen mit den Mistkübelfahrern um 4h, kratzen der Gelsenstiche, zweites mal Aufwachen um 7h (da spielen die hiesigen Kirchenglocken 2 Minuten lang eine grässliche, dafür laute Melodie), Kopfwaschen im kalten Wasser (der Boiler ist seit 10 Tagen kaputt), Capuccino, 2h Grammatik, 30 Minuten Pause im Hof, 2h Konversation, Mittagsgranite, Siesta, Strand & Meer, kalte Dusche, Shopping & Abendbummel am Lungomare, teilweise mit Hamas und Lahlah...

Ab und zu treffe ich auch eine meiner theoretischen Töchter aus den Kronländern, aber ich komme mir dann immer ziemlich alt vor. Deutsche sind zwar erfreulich wenig da, aber die sind so, wie man sie sich so vorstellt - die schlimmste ist ja in meinem Kurs und der schlimmste ist mit ihr verheiratet ("Steffiii, nur noch 5 Minuten bis zum Unterrichtsbeginn, komm doch langsam..."). Sonst sorgt noch ein Pole für Unordnung im Kurs, nachdem er sich kühnerweise jeden Tag woanders hinsetzt, was die Mädchen ziemlich in Rage bringt, da sie sich nicht auf ihre gewohnten Plätze setzen können (und da der Pole das wohl macht, um mit den Mädchen ins Gespräch zu kommen, ist seine Taktik gelinde gesagt zweifelhaft... übrigens ein Jurist).

Freitag nachmittags bin ich dann Gianna und ihre Freundinnen besuchen gefahren, Gianna hat zwar behauptet, sie hat kein Hotel gefunden, aber in einem Ort 20km entfernt habe ich doch was bekommen, zwar direkt an der Hauptstraße, aber dafür mit Warmwasser und sauberem Bad und normaler Matratze und einem Polster und und und. Freilich hat es Gianna geschafft, mich kurzfristig aufzuhalten, indem sie als Beschreibung ihres Strandes "we are here near the orange umbrellas" angegeben hat, was auf ca. 1200 Strände in Kalabrien zutrifft, aber gegen Mitternacht hab ich sie dann doch getroffen. Eigentlich sollte ich im Hotel warten, bis sie anruft, aber ich hab mir gedacht, ich fahr etwas früher (21h) und sehe mir den historischen Ortskern von Cetraro an und warte halt notfalls ein wenig, als dann der Anruf kam, ich soll sie um 23.30 abholen, dann der nächste Anruf ("please, 30 minutes later")...

Die Hälfte der Zeit habe ich aber eh gebraucht um mich zur richtigen Straße durchzufragen (und dabei die allermeisten Einwohner Cetraras kennen zulernen) denn die Straße war nicht im historischen Ort am Berg sondern im Beidorf am Meer, das durch einen gesperrten Hauptplatz und eine faszinierende Einbahnregelung glänzte. Gegen Mitternacht war ich dann auch bei dem Haus, als Gianna aus dem Fenster sah und meinte, "the girls are naked, please come in 30 minutes" und sich auch durch meine Versicherung, das würde mich nicht stören überreden lies, mich schon reinzulassen. Aber wenigstens konnte ich mir am Hauptplatz die Folkloremusik anhören und mich nochmals in den Einbahnzirkus schmeißen.

Die vier Frauen waren natürlich außerordentlich schön hergerichtet, kein Wunder bei 4h Arbeit... Schließlich ging es endlich in die Disko "Jungle", wo wir auch noch Andrea trafen. Der war leider keine Frau, sondern ein anderer Freund von Gianna. In der Disco gab sie mir noch Nachhilfe im italienischen Aufreißen ("look at her, then look away, then at her...", " no, don't smile! Look cool!", "you have to pay all the drinks!"...), was aber nichts genutzt hat. Die Disco sperrte überraschenderweise schon gegen halb fünf Uhr zu und wir wollten uns noch zu einem Morgenkuchen treffen. Allerdings ging mein Benzin schon zur Neige (der Bordcomputer zeigt genau die Kilometer, die man noch fahren kann), aber mir wurde versichert, es ist gleich in der Nähe. Das stimmte auch, freilich eine steile Bergstraße hinauf, bei der mein Auto ca. 1l Benzin auf 100m benötigte. Schließlich verzichtete Andrea auf ein Kuchenessen mit den 4 Frauen und zeigte mir den Weg zur einzig offenen Nachttankstelle; ich bin sicher, dafür ist er mir ewig dankbar.

Am nächsten Tag habe ich morgens (d.h. 14h) ein Bergdorf besichtigt (lt. Reiseführer bemerkenswert wegen der schattigen Ulmen am Hauptplatz... nun ja, Schatten haben die zwei Ulmen schon gemacht) und anschließend (16h) haben wir uns alle am Strand getroffen. Highlight war der Sex Test in einer italienischen Illustrierten, den wir alle gemeinsam gemacht haben, und in dem ich für einen zivilisierten Mitteleuropäer typische Antworten gab, was mir zwar einen relativ hohen SexIQ bescherte, aber auch die Vorwürfe von Gianna, die Nordeuropäer (also alles über Rom) seien so langweilig und würden es nicht schätzen, eine Frau als Sexobjekt zu sehen (sie hat es zwar irgendwie anders formuliert, aber ca. so habe ich es sinngemäß in Erinnerung).

Fr, 16.8. 2002 Am nächsten Tag fielen Strand und Discobesuche aus, da sich Gianna den Knöchel verstaucht hat (glaube ich zumindest, es ist doch eher unwahrscheinlich, dass Gianna

eine Verletzung vortäuschen würde, nur um nicht noch einen Discobesuch mit mir durchstehen zu müssen), und nachdem sie ihre Freundinnen ins Spital brachten, hatte ich Zeit für eine Besichtigung von Diamante, Paolo und Tropea. Strand fiel auch deswegen aus, da es zum ersten Mal seit 20 Jahren im August in Kalabrien regnete.

Der Rückweg von Tropea war etwas abenteuerlich, und wäre ohne das Navigationssystem wohl kaum zu schaffen gewesen (obwohl, ich hätte ja auch auf der Karte nachschauen können...). Im großen und ganzen wurde ich sicher durch diverse Mafianester in den Bergen gelotst, nur einmal kam das Kommando "nun links abbiegen" und nach 10m die Meldung "wenn möglich bitte wenden", was auf einer einspurigen Straße auf einen gewissen Humor des Programmierers des Navigationssystems schließen lässt.

Montags war wieder Schule und ich wie immer saumüde und nur mit einem Morgencapuccino zum durchhalten zu bewegen. Den Nachmittag hab ich dann freilich für eine ausführliche Siesta genützt, um am Abend fit zu sein für ein Konzert - wieder mit Lucia und Lucio, aber dieses Jahr nicht Pino Daniele sonder ein Typ namens "Mango". Mit Lucia hab ich mich diesmal besser verstanden, wahrscheinlich weil ich auf jegliche Anspielung auf ihre lustigen Englischkenntnisse verzichtet habe. Ihre herzlich Art hat sich aber keineswegs geändert, nachdem wir 10 min in der Schlange vor dem Eingang gestanden sind und sich eine alte Frau reindrängen wollte, kam es zu einem kleineren Disput, der aber zum Glück ohne Blut endete (Lucia hat mir nachher gesagt, dass die Frau gemeint hätte, sie ist alt und dürfe vor und Lucia gemeint hat, gerade als alte Person sollte sie der Jugend mit gutem Beispiel vorangehen).

Im Konzert haben wir dann Paolo ("Udo Proksch") inmitten seines Familienklans getroffen, ca. 30 Personen darunter etliche sehr schöne Kalabresinnen. Da aber nicht ganz klar war, welche seine Freundin ist und welche seine Schwestern hab ich sicherheitshalber keine angeredet. Das Konzert fing nur 40min zu spät an (was ich Lucia Mutter prophezeit hatte, da wir ja in Süditalien sind, aber sie mir anfangs nicht glauben wollte), und war ziemlich gut, v.a. verglichen mit Pino Daniele. Da die Musik auch flotter war, war auch die Stimmung wesentlich ausgelassener, und am Schluss stand man sogar von den Stühlen auf um mitzuwippen... in Holland z.B. denkun-möglich.... aber für Süditalien nach wie vor enttäuschend.

Die Schulwoche verlief wieder wir gehabt, allerdings war ja am 15. August Feiertag (Ferragosta, was auch immer das heißt) und ich war so nett, Gianna und Gustl einen Wiedersehenstag zu schenken und mich mit einem "organisierten" Ausflug der Universität nach Tropea zu verziehen. Außer mir waren ca. 58 junge Frauen und ein schwuler und leicht dämlicher Spanier im Bus, und nun darf dreimal geraten werden, wer sich neben mich gesetzt hat.... Aber immerhin musste ich keinen Small talk machen sondern hab mich in meinem Handtuch versteckt und Morgensiesta gehalten. Der Busfahrer nahm die steilen Kurven den Berg rauf und runter ziemlich lässig (kurz vorher hupen, dann beide Spuren blockieren und ab geht's...).

Mittagessen wurde vom Leiter Enzo organisiert, ein Menü mit zwei Pizzaschnitten & Salat & Kroketten (spezial, mit Käse(!)füllung & Getränk um nur 6 Euro - und das alles im Lokal seiner Tante...). Die Gruppe war recht angenehm, nur der Spanier und ein Pole, der nackte Busen für Pornographie hält und deswegen italienisch lernt, da er Papst werden möchte, fielen etwas aus dem Rahmen (also praktisch alle männlichen Anwesenden außer mir). Süditalienisches Tempera-ment durfte ich auch erleben, da sich Katrin (aus der Slowakei) nicht von Enzo einladen lassen wollte, warf dieser wutentbrannt das Geld auf die Straße... aber immerhin hat er sich nachher entschuldigt, da er eine Grazer Freundin hat, dürfte er schon einige Dinge von den Frauen aus dem Norden gelernt haben. Enzo meint übrigens, die Wiener sind hochnäsig, was ich ihm bestä-tigt habe und gemeint habe zu Recht, denn das übrige Österreich ist gerade gut für die Wild-schweine (einer meiner Lieblingspointen aus Asterix). Bei der Rückfahrt saß dann übrigens Katrin neben mir, sie dürfte sich so vor neuen Annäherungsversuchen sicher gefühlt haben.

Zum Abschluss des Tages noch die unendliche Geschichte des Warmwasserboilers: Gleich am ersten Morgen durfte ich ja meinen edlen Kopf mit kaltem Wasser waschen, was zwar erfrischend, aber auf Dauer auch nicht lustig ist. Meine irakischen Freunde hatte das bislang nicht gestört, bei einem militärischen Kurzhaarschnitt auch kein Wunder. Außerdem verwenden sie statt weichen Fossenhandtüchern irgendetwas das wie eine Mischung aus Peitsche und Waschlappen aussieht. Trotzdem haben sie der Vermieterin mitgeteilt, dass wir gerne warmes Wasser hätten, und schon eine Woche später stand ein neuer Boiler in der Küche. Nicht im Bad. Am Boden. Und einge-packt. Nach weiteren 5 Tagen kam auch jemand, um ihn zu installieren, allerdings ohne ihn richtig anzuschließen. In der Folge hatten wir inmitten des Bades, so rund ums Klo herum, einen netten kleinen Badeteich, was die Morgentoilette noch wesentlich fröhlicher machte. Und schließlich ist jemand gekommen, um ihn richtig anzuschließen, was heute während meiner Siesta lautstark vor sich ging. Warmes Wasser haben wir deswegen natürlich noch nicht, aber es fehlen nur noch ein oder zwei Teile.

So, 18.8. 2002 Am Freitag war ich zur Erholung wieder auf der Uni, allerdings war nur eine Minderheit der Studenten anwesend, da ja Fenstertag war. Nachmittags hab ich mich bei Siesta und Strand erholt, was für den Ausflug am nächsten Tag auch notwendig war. Enzo hat mir ein

"avventuro" versprochen und das hat er auch gehalten. Los ging's diesmal nicht mit einem klimatisierten Luxusbus sondern mit der uni-versitätseigenen Klapperkiste, die 13 Personen fasste, aber wir waren zu 14. Das hat mich dank Einzelsitzes und keines Spaniers weit und breit anfangs aber nicht gestört (auch später nicht wirklich extrem), und schon nach 3 Stunden waren wir beim Ziel angelangt, einem Lokal irgendwo hoch oben in den Bergen.

Dank süditalienischer Improvisation hatten wir nach einer Stunde warten im Nieselregen zwei Jeeps gemietet, die uns zu wundervollen Wasserfällen bringen sollten. Anfangs war ja nur ein Jeep geplant, aber der Versuch 15 Leute hineinzuquetschen musste aufgrund der Kleinheit des Jeeps ja kläglich scheitern. Die Straßen waren keine, sondern ziemlich bandscheibenzerstörende Rumpel-pisten 10cm neben dem Abgrund, was eine heitere Stimmung im Auto aufkommen ließ, da alle Fahrgäste lustig durcheinandergewirbelt wurden, sobald es um die Kurve ging (außer mir noch eine Kollegin aus der Türkei, Evrin (man beachte die Namensähnlichkeit zu Erwin, die mich einige Male hochschrecken ließ, als sie gerufen wurde), Katrin von Donnerstag, 3 Polinnen sowie Enzo). Nachdem wir uns also im Auto ausgiebig kennen gelernt hatten, ging es flotten Schrittes zu Fuß Richtung Wasserfall. Allerdings war ich mit meinen Sandalen nicht wirklich optimal ausgerüstet, aber immer noch besser als die meisten anderen, da ich wenigstens Klettverschlüsse an Ferse und Knöchel hatte. Nur der polnische Papst hatte Turnschuhe, auch die obligat bis zu den Knie gezogenen Socken hat er sich brav bei seinen deutschen Nachbarn abgeschaut.

Rauf ging es damit auch recht gut (zu meinem Leidwesen, da ich knapp hinter den Frauen ging, damit sie beim ausrutschen direkt in meine Arme fallen würden). Der Wasserfall war ganz nett, aber ich bin da natürlich aus Österreich verwöhnt. Von da an begann allerdings erst das echte "avventuro"! Es begann nämlich fürchterlichst zu schütten, inklusive Gewitter und zu Tal stürzender Wassermassen (was diese natürlich vorzugsweise auf dem Weg machten, der zum Jeep führte). Da ich aber "Anhalter aus der Galaxis" gebildet immer mein Handtuch dabeihatte, machte mir das gar nichts aus, na ja, zumindest die ersten 10 Minuten nicht, bis ich es zum ersten Mal auswinden konnte.

Völlig unerwartet haben alle den Abstieg ohne Unfall geschafft, was beweist, dass die Schuhbekleidung unserer Alpenmenschen vollkommen übertrieben ist, einfache Sandalen reichen für jede Situation. Beim Jeep angekommen mussten wir allerdings zu unserer Überraschung feststellen, dass nur noch einer da war. Zum Glück war ich als einer der ersten da und hatte mein sicheres Plätzchen und bedauerte die Armen, die im Regen weiter warten mussten. Diese wollten freilich nicht warten, sondern quetschten sich auch alle in den Jeep, sodass wir nun zu 15. talwärts schaukelten. Die Stimmung war recht ausgelassen, alle waren patschnass und ich habe mich gefühlt wie in einer Waschmaschine, freilich ohne Waschmittel, denn gerochen hat es im Bus so wie 15 nasse Hunde riechen, die sich gerade in einem Schlammloch gesuhlt hatten. Der restliche Tag verlief dementsprechend ruhiger, nach einer weitern Stunde Fahrt haben wir uns noch eine 1000 Jahre alte Kirche angesehen und sind in einem Lokal von Enzos Verwandten zum Abendessen eingekehrt. Den Vorschlag 3er Polinnen mit ihnen am nächsten Tag nach Syrakus mit dem Auto zu fahren, musste ich schweren Herzens ablehnen, denn inbegriffen war auch der Papst in Socken, und ich wollte ihn mir nicht 6 Stunden am Beifahrersitz aufhalsen.

Nach nur 3 Stunden Heimfahrt (diesmal war ich als Vierter in der Dreierreihe zwischen zwei Frauen eingeklemmt) waren wir gegen Mitternacht wieder in Reggio (angekündigt war ca. 20h) und meine italienischen Freunde waren schon zu Bett gegangen - was ich kurz darauf auch tat und nach 5 Minuten einschlief.

Di, 27.8. 2002 Nun sitze ich bereits wieder zu Hause und versuche die Erlebnisse der letzten Woche nochmals Revue passieren zu lassen. Letzten Sonntag waren wir in Scilla, einem Fischer-dorf 20km nördlich von Reggio. Da an diesem Tag das große Dorffest stattgefunden hat, waren etwas mehr Leute dort als die 500 Einwohner, also ca. halb Kalabrien. Wir warteten nach dem ausgezeichneten Abendessen (30 Euro/Person, ein Betrag, mit dem meine irakischen Freunde eine Woche auskommen) noch etwas auf das Feuerwerk, Gustl meinte um 22h nun werde es gleich losgehen und wir suchten und ein nettes Plätzchen am Strand und warteten und warteten und irgendwann schlief ich ein... Gegen Mitternacht war es dann soweit, und ähnliche Massen an Feuerwerkskörpern wie am Donauinselfest wurden verschossen, nur mit dem kleinen Unter-schied, dass es etwas unkoordinierter wirkte, die Dinger direkt über den Köpfen der Zuschauer

explodierten und in den letzten 2 Minuten dieselbe Menge verschossen wurde wie in den 20 Minuten davor. Die Heimfahrt verlief planmäßig, d.h. wir verbrachten 1h im Stau, bis wir die 100m zur Ortsgrenze hinter uns gebracht hatten.

Montags Abend waren wir dann wieder in einer sehr großen italienischen Gruppe un-terwegs, zuerst trafen wir uns alle bei Paolo, den seine Freundin verlassen hatte, und der

diese Tatsache nun lautstark mit den 20 Anwesenden inklusive seiner Eltern diskutierte (ein klei-ner Mentalitätsunterschied zu Wien...). Danach ging es 40km zu einer Pizzeria in den Bergen, wo uns köstliche Vorspeisen, Meter-Pizzen sowie ein origineller Kellner erwarteten. Die Rechnung wurde wie üblich auf alle Anwesenden gleichmäßig aufgeteilt, was meinem Vorspeisenkonsum sehr entgegenkam. Nur Nino, die 1,6m große George Clooney Kopie musste nichts zahlen, nicht, weil er bei der Mafia war, sondern weil ihm nach dem Saufabend davor so schlecht war.

Am Mittwoch machte ich mit vier Kolleginnen vom Kurs einen selbst organisierten Ausflug im eigenen Auto, die Route hatte ich sorgfältig nach meinem Kalabrienführer zusammengestellt, zuerst in das berühmte Freiluftmuseum in Marmalla mit Riesenfiguren von Nik Sowieso und danach zu den Ausgrabungen von Locri. Aufbrechen wollten wir nach dem Kurs gegen 13h, aber die Frauen brauchten noch etwas Zeit, und so haben wir uns auf 14.30 geeinigt und um 15.30 sind war dann auch weg (dabei war gar keine Italienerin dabei...).

Nach einer Stunde sind wir in Marmalla angekommen, nur die Straße zum Museum war nicht zu finden. Ein buntes Zeichen an einer Mauer wies zwar den Weg, aber die Straße endete plötzlich im Nichts und ich durfte 1km mit dem Auto zurückschieben, was ich besonders gern mache. Dort haben wir einfach eine Tür geöffnet, aber statt dem erwarteten Museumswärter waren nur 2 große Schweine und ein Hund dort. Alle drei waren zwar sehr freundlich, konnten uns aber auch nicht weiterhelfen. So fuhren wir also zurück, als uns ein winzig kleines Schild "Museum" auffiel, welches den Weg in das ausgetrocknete Flussbett wies. 500m lang wagte ich es, dem Flusslauf mit dem BMW zu folgen, aber irgendwann schien es mir doch zu riskant, v.a. da am Weg/Flussrand diverse Autoleichen auf die Schwierigkeit dieses Unterfangens hinwiesen. Zu Fuß ging es also weiter, die Mülldeponie entlang, bis wir hinter einem neuen Zaun das Museum erblickten, d.h. eigentlich nur 2 Teile davon, und die noch 2km entfernt. Wir vermuteten also, dass die Museumsbetreiber die Abgaben an die Mafia nicht rechtzeitig entrichtet haben und daher das ganze gesprengt wurde, und fuhren im Flussschotter zurück und dann weiter Richtung Locri.

Das griechische Theater von Locri ist die bedeutendste Ausgrabung in Kalabrien und ein wesentliches Fundstück der "Magna Greca", den griechischen Kolonien, die vor 2500 Jahren die bedeutendste europäische Zivilisation war. Und es war zu. Versperrt. Um 17h. Ziemlich enttäuscht wollten wir schon umdrehen, als uns ein italienisches Pärchen auf ein Loch im Zaun hinwies, und wir so in den Genuss der tausende Jahre alten Kultur kamen. Kurz darauf kamen wir auch in den Genuss aktueller kalabresischer Alltagskultur, als ein Museumswärter, scheinbar aus der Siesta erwacht, angerannt kam und lautwachelnd etwas von biglietti faselte. Ich machte dann das, was ich am besten kann und stellte mich blöd, murmelte "non parlare italiano" ("nicht sprechen italienisch") und verschwand. Die Rache war allerdings sein, denn auf dem schmalen Zufahrtsweg parkte er genau hinter mir, sodass ich gerade 1,6m Platz hatte, um zwischen seinem Auto und der Mauer zurückzuschieben (was nur 5 Minuten dauerte und mir die Bewunderung meiner Beifahrerinnen einbrachte ("veloce", "faster", "uahh")).

Die Heimfahrt wurde dann nur noch von einem Granita di Mandorla und einem Cappuccino unterbrochen und schloss mit lautem Mitsingen aller Kolleginnen zu "Ti amo" ab (womit sie aber wohl kaum mich gemeint haben dürften, sondern das Schicksal, das ihnen diesen tollen Ausflug beschert hatte). Die restliche Woche verlief wie gehabt, Uni, Siesta, Strand, ausgehen...

Noch einige allgemeine Beobachtungen aus Reggio: Die Konditionierung der Männer auf Machos und der Frauen auf Dienstboten beginnt scheinbar schon in Kindertagen, wie ich beobachten konnte, als einige Burschen Fußball spielten, und als der Ball etwas weiter im Out lag, keiner der Burschen ihn holte, sondern lieber ein nebenan Federball spielendes Mädchen anwiesen, den Ball zu holen, was diese auch machte.

Die Mafia ist für die Modernisierung der Region der totale Hemmschuh. Nachdem an diese Brüder 15% Abgabe gezahlt werden muss, wird es sich jeder größere Betrieb einige Mal überlegen, dort ein Geschäft zu eröffnen. Die Kontrolle funktioniert übrigens so, dass jeder Händler einen Buchhalter der Mafia anstellen muss, der die Buchhaltung erledigt und gleich die zu zahlende Summe an die ehrenwerte Gesellschaft weitermeldet. Dabei wäre Kalabrien wie geschaffen dafür, den Winter (und am besten auch gleich den Frühling und den Herbst) dort zu verbringen, warm, sonnig, am Meer, mit grünen Bergen und sogar Möglichkeit zum Skilaufen auf 2000m Höhe.

Am Samstag habe ich schließlich die Heimreise nach Wien angetreten, auf der zweitschlechtesten Autobahn Europas von Reggio nach Salerno (6h für 400km, dank einiger Gegenverkehrsbereiche), dann weiter über Neapel bis zum Campingplatz in Rom. Diesmal hab ich ihn auch gefunden, der Trick ist, unmittelbar nach der Mautstelle rechts abzubiegen, was freilich nur gelingt, wenn man beim Mauthäuschen ganz rechts bezahlt, da man sonst bis zu 20 Spuren queren müsste. Am Campingplatz erwarte mich ein Kulturschock, außer mir waren noch Horden von Holländern und Deutschen da, die den billigen Alkohol frönten. Es stellt sich übrigens die Frage ob die Holländer auch so nervend wie die Deutschen wären, wenn sie statt 16 ebenfalls 100 Millionen wären - mein Tipp ist ja, mit dem Vorteil, dass man ihr Geschwätz kaum versteht. Ich habe mir einen Bacardi Breezer gegönnt und prolohaft aus der Flasche getrunken, während ich den Horden beim saufen zusah.

Sonntags bei der Annäherung an Kärnten ist mir aufgefallen, dass die Karawanken ähnlich aussehen wie das Land Mordor im Herr der Ringe... aber auch Sauron ist ja schließlich besiegt worden. Die letzte Etappe führte schließlich auf der schlechtesten Autobahn Europas nach Wien, wo mich gegen 23h gleich ein netter Stau erwartete.

DIENSTREISE ISTANBUL

Am goldenen Horn, Istanbul

Di, 17.9. 2002 Letzten Freitag war ich wieder am Wicky Slime & Paiper Clubbing, damit ich wieder mal einige Menschen in meinem Alter in sinnlosen Verrenkungen beobachten konnte. Wie immer war es sehr unterhaltsam, und die AbbaOriginal Band tat ihr möglichstes um original 70er Stimmung aufkommen zu lassen, was insbesondere eine Abordnung Männer der Gattung "Single & peinlich" zu offenen Hemden und ekstatischen Gehopse veranlasste (ich hab mich dann später darunter gemischt, da ich auch fast alle Bedingungen erfüllte, nur das Hemd blieb geschlossen).

Am nächsten Tag wollte ich rasch den Computer richten, den ich für die Präsentation in der Türkei brauchte und dann den letzten Sommertag im Gänsehäufel genießen, und ich richtete bis 13h, dann ging gar nichts mehr, dann fuhr ich ins Büro, dort ging auch nichts, aber wenigstens sah ich die Sonne nicht, und flugs war der Tag fast um. Ich wollte schon die Präsentation in Istanbul absagen, als mir von dort mitgeteilt wurde, das Programm sei dort eh auch installiert... Na, wieder einen Sonnenbrand verhindert.

Den Flug habe ich wie immer größtenteils verschlafen, insbesondere während Start und Landung wird mir das langsam zur Gewohnheit. Kaum bin ich bei meiner nachfolgenden Besichtigungstour dem Taxi entstiegen, war ich auch schon von ausgebildeten Fremdenführern umringt, die ich alle bis auf einen abschütteln konnte (oder hat der die anderen abgeschüttelt?). Auf jeden Fall hat er mich mit den Worten "but this is our job here and our economy is so bad" überzeugt, und so erklärte er mir ausführlich alle Dinge zu Hagia Sophia und Blauer Moschee und noch einiger Sehenswürdigkeiten. Am Ende wollte er für die 45 Minuten 30 Euro, was mich doch ein wenig an meiner Gutmütigkeit zweifeln ließ, aber ich hoffe, seine Familie kann davon wieder einen Tag leben. Immerhin war ich froh, dass er mir keinen Teppich aufgequatscht hat.

Anschließend ging es das Goldene Horn entlang über die Galatabrücke in den geschäftigeren Teil von Istanbul, leider etwas hügelig. Die Hauptgeschäftsstraße sieht ähnlich aus wie die Kärntner Straße in Wien, nur dass keine Kirchen sondern Moscheen den Weg säumen und die Frauen

kürzere Röcke und weitere Dekoltees tragen (bis auf die wenigen, die verschleiert unterwegs sind). Am Ende der Straße angekommen habe ich mich kurz hingesetzt, als mich mein Sitznachbar ansprach, woher ich denn komme, wie schön Wien doch sei, etc... und mich schließlich auf einen Tee einlud. Etwas misstrauisch fragte ich "Why", ich wollte ja nicht unbedingt eventuelle homosexuellen Hoffnungen wecken, aber er antwortete nur "Because hospitality is very important in Turkey", und so gingen wir Richtung Lokale.

Dort gingen wir freilich nicht rein, sondern weiter, bis wir im Teppichladen seines Cousins gelandet waren. Trotz Tee und einiger Überredungskünste (inklusive etlicher plötzlich im Raum stehender weiterer Verwandter) konnte ich mich nicht zum Kauf eines Bettvorlegers für 100 Euro entschließen und konnte entwischen - ich nehme an v.a. deswegen, da sie außer mir gerade zwei Japaner bearbeiteten. Auf den Schreck hin genehmigte ich mir noch einige Köstlichkeiten in einem einheimischen Fast-Food Lokal und floh heim. Im Hotelzimmer angelangt bemerkte ich, dass aufgrund eines Kamerafehlers so gut wie alle Bilder unscharf waren - macht nichts, dachte ich, ich habe ja noch drei Abende.

Das war freilich ein Irrtum, nachdem ich den nächsten Tag bei unserer türkischen Partnerfirma die Präsentationen vorbereitet hatte, hatte ich am Abend 37,2 Grad Fieber und ruhte mich lieber aus. Tags darauf waren 2 Vorträge, die ganz gut verliefen, aber im Laufe des Tages bemerkte ich einen leichten Temperaturanstieg (auf 38,2) sowie stärkere Magentätigkeit (die insgesamt zu 3kg Gewichtsverlust führten). Den dritten Tag verbrachte ich zunächst in der Klinik am Tropfgestell, wo sich drei Schwestern sehr nett um mich kümmerten, der Small-talk mangels Sprachkenntnissen aber auf die Nennung des Namens und dabei auf sich zeigen beschränkt blieb (sehr schade, immerhin entwickelt man ja doch eine nähere Beziehung, wenn man eine Spitze in den Hintern erhält). Am Nachmittag wollte ich kurz noch einige Dinge aus der Firma holen, als mir gedeutet wurde, ich solle mich zuerst ein wenig ausruhen und dann doch den nächsten Vortrag halten... Das ging überraschenderweise sogar

recht gut, wahrscheinlich dank des Dutzend Antibiotika, das ich kurz zuvor eingeworfen hatte. Außerdem war der Vortrag recht erholsam, da nach jedem Satz von mir ins türkische übersetzt wurde, und ich dadurch recht viel Zeit zum ausrasten hatte.

Die Zeit nach Istanbul verbrachte ich zunächst im Krankenstand am Balkon in der Sonne und danach im Zimmer im wolkenbedingten Schatten. Noch einige Beobachtungen aus der Türkei: Sämtliche Vorurteile über eine rückständige Bevölkerung sind Vorurteile. Bei den Vorträge waren Frauen in leitenden Funktionen anwesend (und nicht nur in kaufmännischen, sondern auch technische Funktionen), unsere Partnerfirma hat 2/3 Frauen angestellt, und sowohl Frauen als auch Männer sind modern westlich gekleidet (und die wenigen Rückständigen sind in jedem Land der Welt zu finden, sei es nun verschleiert oder im Ruderleiberl und Legging).

Da mir als deutschsprachige Informationsquelle im Fieberwahn nur RTL zur Verfügung stand, bin ich nun voll über das Lotterleben von Naddel sowie die Intrigen und das absolute Fehlen jeden schauspielerischen Talents in "Gute Zeiten / schlechte Zeiten" informiert Am 11. September war überhaupt kein Sender außer MTV erträglich, auf CNN und BBC wurden zeitgleich dieselben pseudo-betroffenen lähmenden Reden des amerikanischen Regimes gebracht - und RTL übersetzte dazu simultan... Der vielen Millionen Opfer davor und danach gedachte offenbar niemand an diesem Tag, zumindest wagte es keiner, das öffentlich zu tun...

WIENER GESCHICHTEN VIII

Sa, 30.11.2002 Da ich ja vor einigen Wochen meine italienische Freundin Sabrina kennengelernt habe und ich im Büro außer sms und e-mail schreiben auch was arbeiten sollte, komme ich leider kaum noch zum Bericht verfassen. Trotzdem eine Kurzmail mit einigen Beobachtungen:

Vor 4 Wochen am Bahnhof Wien Nord kostete eine Bahnkarte nach Mailand 72 Euro plus 16 Euro für den Liegewagen. (plus 12 Euro Zuschlag für alle Fahrten über Tarvis (?), zahlbar im Zug gegen 1h morgens, was Sabrina zu schätzen wusste, nachdem sie gegen 0.30h endlich eingeschlafen war). Vor einer Woche in Wien Süd dagegen wollte der auffällig zurückgezogene Schalterbeamte (wir standen am Nebenschalter und warteten, bis jemand auftauchte, als Sabrina nach einiger Zeit bemerkte, dass uns jener Topverkäufer aus dem Hintergrund, gemütlich im Rollsessel lümmelnd, beobachtete) nun plötzlich 90 Euro, plus 22 Euro für den Liegewagen. Auf meinen dezent vorgebrachten Hinweis, dass ich letztens viel weniger gezahlt hatte, meinte er nur "wanns de kortn net wolln, kaufns as woondas". Ein Anruf bei der Zentrale bestätigte leider die teurere Karte, und infolgedessen schrieb ich eine e-mail, die ca. so beantwortet wurde: "Der Fahrpreis beträgt 72 Euro, plus dem Zuschlag von 12 Euro, macht also 90 Euro..." Weitere Anfragen meinerseits stehen diesbezüglich noch aus, allerdings fliegt SkyEurope von Bratislava nach Bergamo um 69 Euro, künftig eine recht gute Alternative.

Zum Thema Tourismus ein weiteres Erlebnis: als ich in Bad Ischl ein Zimmer buchen wollte und die im Internet angegebene Nummer anrief, empfing mich nicht etwas ein freudiges "Was können wir für sie tun", sondern ein "es is scho siebane, des is scho spet, ruafns morgn wida auh"

Noch zwei lustige Fundstücke des Monats: Von der Herstellerfirma meines Dienstwagens bekam ich zu Weihnachten ein nettes Billet, in Form einer Christbaumkugel mit darauf abgebildeten Cabrio und Motorrad, ein nettes Zierstück für alle Christbäume der Freunde einer sportlichen "Synthese aus Kultiviertheit und Kraft". Und für alle Kinder und Vorpubertären, die damit nicht genug haben, bietet der BMW Lifestyle Katalog noch den Street-Carver mit progressivem Lenkverhalten, den Baby-Racer, der locker jede Kurve nimmt sowie das M3-Cabrio-Kinderfahrzeug an, letzteres für verwöhnte Oberschichtkinder auch mit 12Volt Elektroantrieb.

Und im Neckermann Versandkatalog, für mich bisher der Inbegriff deutschen Spießbürgertums, sind mir zwei Exponate besonders ins Auge gesprungen, erstens der "Unterwasservibrator Delphin" sowie zweitens die Fesseldecke, ein Leintuch mit eingearbeiteten Handschellen, inklusive neckischen Abbildungen, wie man die Frau oder frau den Mann am besten damit fesseln kann.

DIENSTREISE MOSKAU

Ein sonniger Wintertag bei -20 Grad in Moskau

Mi, 12.12.2002 Vorerst besten Dank an alle, die sich an meiner Buchumfrage beteiligt haben. Die Rücklaufquote war nicht gerade überwältigend, aber immerhin mit 80% Zustimmung. Ich hätte vielleicht auch vorher daran denken sollen, nur diejenigen meiner Freunde in die Umfrage mit einzubeziehen, die schon mal ein Buch gelesen haben. Namentlich möchte ich den ersten drei Rücksendern danken, Kurti, der Lesergruppe Köpplinger sowie Manfred, meinem Quasi-Schwager, und außer Konkurrenz Ilse, die bereits vor einem Jahr die Abnahme zahlreicher Exemplare zugesichert hat, sollte ich mich literarisch prostituieren...

Der Flug nach Moskau begann mit der optimistischen Ansage "We wish you a nice flight and hope (!) to see you all back in Vienna". Die Passagiere entsprachen dem Standard für Osteuropa-Flüge, 95% Business-Männer sowie einer grell-pink gekleideten Russin in High-Heels. Vor mir saß einer eher verwahrloster Typ in der Business-Klasse (und das heißt schon was, wenn ich von verwahrlost spreche...), der vergeblich versuchte ein abgegriffenes Parfum-Packerl im Bord-Duty-Free gegen was neues umzutauschen, hinter mir 2 Kollegen, die ihre toughen Businesspläne besprachen und weit hinter uns unsere Bosse, die wahrscheinlich überlegten, wie sie den drohenden Personalabbau so angenehm wie möglich hinter sich bringen könnten.

Die Bordanzeige zeigte bei 5000m Höhe über Russland −27 Grad und das wirklich Deprimierende daran war, dass sich diese Temperatur nur noch um 10 Grad erhöhen sollte. In Moskau angekommen schmuggelte uns mein Chef halblegal durch die Grenzkontrolle und wir konnten in der gut besuchten Ankunftshalle eine Stunde auf die Bosse unserer Bosse aus dem Hauptquartier warten. Der Bus, der uns zum feinstem Hotel am Platz brachte hatte ein ähnliches Platzangebot wie die Jeeps in Kalabrien, aber es war freilich nicht so aufregend, mit dem Topmanagement durcheinandergewirbelt zu werden wie mit 15 jungen Frauen.

Als Ausgleich dafür konnte ich Gespräche über Fußball, Millionengeschäfte und Politik lauschen (Frauenerzählungen kamen dank dem christlichen Direktor kaum vor, das dürfte auch die Erklärung sein, dass die Abende, soweit ich sie mitbekommen habe, so harmlos und zivilisiert

verliefen). Ein kleines Scherzchen gab ich auch zum besten, als ein Kollege aus dem Ausland über die Werbegeschenke der wahlwerbenden Parteien in Wien erzählte und meinte, die ÖVP hätte Schnaps ausgeschenkt, ist mir ein "To vote for them you have to be drunken" rausgerutscht, was meiner Karriere wohl nicht förderlich ist.

Abends sind wir alle mit einem Bus ins Zentrum gefahren, d.h. das haben wir vorgehabt, aber nachdem wir auf einen undurchdringlichen Stau gestoßen sind, sind wir ausgestiegen und zu Fuß gegangen, was zwar erheblich schneller war, aber bei minus 18 Grad und eisigem Wind nicht so wirklich als erhebend empfunden wurde. Zum Glück hatte ich meine gelbe Mütze mit Quastl mit, das zeugte zwar nicht

gerade von weltmännischem Stil, aber dafür sind die meisten meiner Hirnzellen nicht abgestorben. Mein obligates Stirnband habe ich meinem Chef geborgt, der es aber nach einigen Minuten an eine blonde Kollegin weitergereicht hat, die sich dafür bei ihm auch herzlich bedankte.

Der rote Platz fiel durch seine kalte Leere auf, ich hätte ja dort einen Park angelegt, aber wer fragt mich schon. Im Kaufhaus GUM war es dagegen angenehm warm und auch sehr schön. Es sieht ungefähr so aus wie die Galleria in Mailand, nur viel viel größer. Den weiteren Abend verbrachten wir in einem (sicher schweineteuren) Restaurant für Touristen am rotem Platz, und ich durfte 2h small-talk mit einem älteren Russen machen. Seine Hauptkritikpunkt an seinen Landsleuten war, dass sie so verweichlicht wären, "Manche unserer Jugendlichen sind so verweichlicht, dass sie lieber einen Beamtenjob mit sicheren Arbeitszeiten von 8-17h haben, anstatt täglich 12 Stunden zu arbeiten, und den Samstag wollen die auch frei haben, so schließen wir ja nie auf den Westen auf...".

Beim gemischt russisch/amerikanisch/europäischen Frühstücksbuffet (d.h. auf meinem Teller befanden sich Lachs, Kaviar und Gemüsepalatschinken) waren nur 2 von 15 Kollegen anwesend, vielleicht hatten manche doch einen längeren Abend als ich, der gegen Mitternacht recht erschöpft ins Bett geplumpst ist.

Am ersten Tag wurde noch simultan übersetzt, da war auch das Management an der Reihe, für die billigen Sprecher am zweiten Tag, also u.a. für mich, gab es nur einen langbärtigen Nicht-Simultan-Übersetzer, der sich aber immerhin so gut auskannte, dass er die anschließenden Publikumsfragen gleich selbst beantwortete.

Die Russen sind nicht wirklich emotional, aber ab und zu hat jemand gelächelt, was im Westen einem Nackttanz am Tisch gleichkommt (ausgenommen bei holländischen Rockkonzerten, da ist die Stimmung noch trauriger als bei Vorträgen in Russland).

Und nachdem dieser Bericht ja auch gut als Reiseführer zu verwenden ist (*Unser Geheimtipp: steigen sie nach der Landung in den vorausbestellten Minibus, der Sie sicher ins Luxushotel bringen wird und verlassen sie es nicht mehr, außer sie sind geil auf Erfrierungen unbestimmten Grades*), noch ein kleiner Ratschlag: Beim Fotografieren sollte man nicht ausatmen, da sonst sofort die Linse beschlägt und auf allen Bildern ein Weichzeichner liegt, der mangels der Päderastenmodelle von David Hamilton wenig spektakulär wirkt.

Epilog: Kurzurlaub Prag

Mi, 8.1.2003 Eigentlich hätte das Buch nach Moskau ja abgeschlossen sein sollen, aber der Kurzurlaub in Prag schreit irgendwie nach einem Epilog. Abgesehen davon, dass Prag eine der schönsten Städte ist, die ich gesehen habe, das Hotel Central zentral gelegen und billigst war, und ein wunderbares vegetarisches Fast-food-Restaurant in der Nähe des Hauptplatzes sowie ein sehr netter Mexikaner existieren, existieren in Prag auch noch andere Geschöpfe.

Eines schönen Abends kehrten Sabrina und ich zum Auto zurück und ich scherzte schon von weitem: "Hurra, es ist nicht gestohlen, ich sehe es schon!". Was freilich nicht von weitem ersichtlich war, war die eingeschlagene Scheibe sowie das fehlende Autoradio. Angesichts meiner Vollkaskoversicherung war ich aber nicht sonderlich betroffen, sondern telefonierte gegen 22h mit meiner Leasing-Firma, wobei ich offensichtlich die diensthabende Dame aufweckte, die sich dann aber nett mit meinem Problem auseinander setzte und mir rasche Hilfe versprach. Dann wollte ich noch schnell zur Polizei eine Anzeige machen und schon könnten wir zu Bett gehen. Dachte ich.

Vom oben erwähnten netten Mexikaner telefonierte ich mit der Polizei, sogar auf Englisch, und man versprach mir einen Besuch, freilich erst nach einer Stunde. Nach 30 min meldete sich die Prager Abschleppfirma, die den BMW an einen sicheren Ort bringen sollte, aber mangels noch nicht geschehener polizeilicher Anzeige musste ich sie vertrösten und versprach zurückzurufen (die Nummer sah ich ja eh am Handydisplay).

Gegen 23h fragte ich andere Lokalbesucher, wann ich denn mit der Polizei rechnen könnte, und die meinten nur "oh, this is Prag, sometimes it takes hours and hours...". Aber um 23.30 kam ein Streifenwagen und einer der Beamten, Typ Terminator, sprach sogar ein wenig Deutsch. Zusammen fuhren wir zum Ort des Grauens und die Beamten nahmen diensteifrig Fingerabdrücke, meine Personalien, die Hausfassaden, etc. auf. Nach einiger Zeit durfte ich endlich die Abschleppfirma anrufen, aber dort meldete sich niemand mehr, zumindest nicht unter der Nummer, die am Handydisplay erschienen ist. Also habe ich nochmals beim CustomerCare in Wien angerufen, und die versprachen einen Rückruf aus Prag. Auf meine Bitte, mir direkt die Prager Nummer zu geben um mir zeitaufreibende Pseudotelefonkonferenzen zu ersparen wurde mir leider nur beschieden, dass das nicht möglich sei, da alles von Wien aus überwacht würde…

Schließlich war die Polizei um Mitternacht fertig und brachten Sabrina und mich ins Hotel, mit der Bitte danach noch kurz am Kommissariat wegen der Unterschrift vorbeizuschauen. Ich eilte danach im Regen zum Tatort zurück, da mir für 0.30h ein Abschleppwagen versprochen wurde. Gegen 0.50h rief ich nochmals in Wien an, weil mir im Auto ohne Scheibe und Radio langsam fad wurde und auch das herumtapsen nach irgendwelcher Nahrung im Auto angesichts der Glas-

scherben nicht ganz so lustig war. Gegen 1.10h rief mich Prag zurück, der Abschlepper könne mich nicht finden. Ich las das Straßen- schild nochmals genau vor, so was wie "Rydnchmolistche" und man versprach mir, dass der Fahrer in 5min hier sei. Gegen 1.30 wollte ich nochmals in Wien nachfragen, als ich endlich von weitem einen Abschleppwa- gen sah, hineilte, und dem Fahrer klarmachte, dass er mir folgen sollte.

Die Konversation mit Rasputin war etwas schwierig, einerseits, da sein Ohr wohl durch die 7 Piercings in seiner Funktionsfähigkeit beeinträchtigt war, andererseits, da er weder englisch noch deutsch sprach, und mir selbst die Sprache meiner Urahnen nicht wirklich geläufig ist. Mit verein- ten Kräften wuchteten wir den BMW auf den Laster, wobei der Nieselregen im Flackerlicht der alten Straßenlaterne ein stimmungsvolles Hintergrundbild bildete. Schließlich gab mir der Schlep- per noch einen Zettel mit einer Adresse, von der ich am nächsten Tag das Auto holen könne…

Erleichtert eilte ich gegen 2h morgens ins Kommissariat, wo ich "gebeten" wurde, erst mal 20min zu warten, bevor war passiert. Immerhin musste ich nicht in die Zelle, sondern durfte auf der Bank davor Platz nehmen. Nach mehrmaliger Urgenz erbarmte sich Terminator endlich und diktierte einen tschechischen Text, den ein Kollege behände mittels zwei Fingern in eine antike mechanische Schreibmaschine klopfte, freilich nicht ohne mehrmalige Rücksprache mit mir ("Wo wohnen sie?" "Warum sind sie in Prag?" "Wann fahren sie wieder?" "Haben sie eine Unter- kunft?"). Gegen 3h erhielt ich endlich die Anzeige, mangels Dolmetscher ganz in Tschechisch ("sie können gerne morgen wiederkommen, aber auch da haben wir keinen Dolmetscher hier") und fiel kurz darauf etwas ermüdet ins Bett.

Am nächsten Tag gegen 9.30 rief eine freundliche Stimme aus der Heimat an und meinte, im Super-all-inklusive Servicepaket ist Vandalismus leider nicht enthalten, daher werde nur ein kostensparendes Provisorium am Fenster gemacht und ich könne ja etwas langsamer heimfahren (anstatt dass ein Heimflug gezahlt würde, also fast besser, die Gauner hätten das ganze Auto gestohlen). Prag werde sich bald melden.

Prag meldete sich nicht, sodass wir mal beschlossen unsere Stadtbesichtigung fortzusetzen. Gegen 11.20 rief Prag an und meinte, es könne nur ein Provisorium eingesetzt werden. Ich meinte, dass wüsste ich schon und wir setzten die Besichtigung fort, etwas außerhalb des Zentrums.

Gegen 11.40 rief Prag an und meinte, ich müsste das Auto bis 12h abholen. Ich meinte, dass sie mir das auch schon beim ersten Anruf hätten mitteilen können und wir suchten ein Taxi. Allerdings gab es dort wo wir waren kein Taxi. Zeitungsverkäufer und Blumenhändler meinten zwar, dass sonst immer eines dort stünde, aber heute scheinbar nicht. In einem eher heruntergekommenen Lokal wurde mir unfreundlich aber bestimmt versichert, man denke nicht daran, mir ein Taxi zu rufen, sodass ich im Hotel wegen der Rufnummer eines Funktaxis anrief. Dann rief ich beim Funktaxi an, und dort sprach keiner englisch oder deutsch, oder mein Handy funktionierte einfach nicht. Also zurück ins Zentrum mit der U-Bahn, wo wir gegen 12.20h endlich ein Taxi fanden. Prag rief nochmals an, wo wir denn blieben, und ich versprach in 10min seien wir dort. Freilich rechnete ich nicht damit, dass wir a) auf einen Einparker mit ähnlichen Einparkkünsten wie ich selbst trafen, der eine Einbahn für 10min blockierte und b) dass die BMW Werkstätte an der äußersten Peripherie lag.

Gegen 13h kamen wir endlich an, und ein keinerlei Fremdsprachen mächtiger Verkäufer übergab mir den Schlüssel zu dem mittels eines Castrol-Sackerls "fahrtüchtig" gemachten Autos. Noch laut lachend über das Provisorium, das wir uns auch selbst hätten basteln können, griffen wir auch schon auf die nicht vom Glas gesäuberten Sitze und mit blutigen Händen ging es wieder Richtung Zentrum, freilich mit etlichen Problemen bei Kreuzungen, da man kein transparentes Castrol-Sackerl gewählt hatte, sondern ein undurchsichtiges, wodurch ich Rechtskommende nur erahnen konnte. Der weitere Tag verlief ruhig, nur bei der Heimfahrt am nächsten Tag gab es zuerst kleinere Geräuschprobleme und später größere Wärmeprobleme, da das Provisorium nach 20min Fahrt mit einem lauten Platzer aufriss. Mittels eines mitgeführten Hofer-Sackerls sowie eines freundlichen tschechischen Tankwarts konnten wir das Problem aber rasch lösen und kehrten entspannt nach Wien zurück.....

...und hier ist das (vorläufige) Ende...

Noch mehr e-mails und noch viel mehr Fotos gibt's im Internet unter

www.ars-digiti.com

Und das schon geplante Fortsetzungsbuch berichtet dann in 2 Jahren von meinen
Erlebnissen als Lebenskünstler in Italien (hoffentlich)!